FOYERS & COULISSES

QUATRIÈME LIVRAISON

PALAIS-ROYAL

EN VENTE :

LES BOUFFES-PARISIENS

LES FOLIES-DRAMATIQUES

LES VARIÉTÉS

SOUS PRESSE :

LA COMÉDIE FRANÇAISE

LE GYMNASE

LE VAUDEVILLE

Paris. — Richard-Berthier, 18 et 19, pass. de l'Opéra.

FOYERS
ET
COULISSES

HISTOIRE ANECDOTIQUE DES THÉATRES DE PARIS

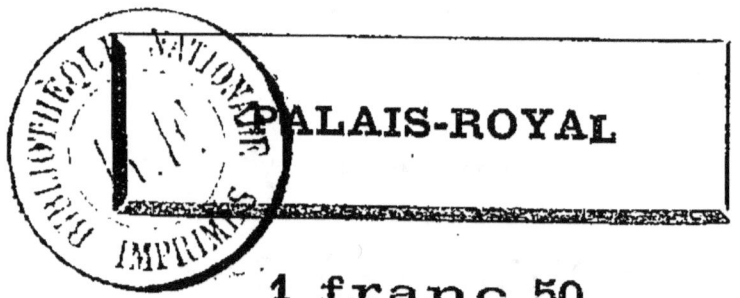

PALAIS-ROYAL

1 franc 50

AVEC PHOTOGRAPHIES

PARIS

TRESSE, ÉDITEUR

10 ET 11, GALERIE DE CHARTRES

Palais-Royal

1874

Tous droits réservés

CABINET SECRET

DU

MUSÉE ROYAL DE NAPLES

L'art ancien et l'art au moyen âge ne se piquaient pas d'une pudeur bien chaste; les plus admirables chefs-d'œuvre sont souvent accompagnés de détails obscènes qui en rendent impossible l'exposition aux yeux de tous. Le cabinet secret du roi de Naples est la seule galerie au monde où l'on se soit proposé de réunir tous les chefs-d'œuvre impudiques. Le livre qui les reproduit est l'indispensable complément de toutes les collections de musées, et doit trouver place dans un coin secret de la bibliothèque de l'artiste et de l'amateur.

1 beau vol. in-4° grand-raisin vélin, orné de 60 planches, représentant les peintures, les bronzes et statues érotiques qui existent dans ce cabinet.

Figures noires, broché. . . . . . . 40 fr.
Figures coloriées, broché. . . . . 60 fr.
LE MÊME, avec les deux collections de gravures noires et coloriées sur papier de Chine demi-rel. dos en veau à nerfs. . . . . 120 fr.

DRAMES & COMEDIES

FORMAT IN-18

LE PORTIER DU N° 15, 5 actes....	2 fr.
LE SECRET DE ROCBRUNE, 5 actes..	2
LA FALAISE DE PENMARK, 5 actes..	2
LE FORGERON DE CHATEAUDUN, 5 act.	2
L'OUBLIÉE, 4 actes............	2
UN LACHE, 5 actes............	2
JANE, 3 actes................	2
LE FILS D'UNE COMÉDIENNE, 5 actes.	2
LA MORT DE MOLIÈRE, 4 actes....	2
LES POSTILLONS DE FOUGEROLLES, 5 actes................	2
DANIEL MANIN, 5 actes.........	2
LES QUATRE SERGENTS DE LA RO-CHELLE, 3 actes...........	2
LES APOTRES DU MAL, 5 actes....	2
LA FEMME DE PAILLASSE, 6 actes..	2
LA MAISON DU MARI, 5 actes....	2

PALAIS-ROYAL

(1830)

> Hilaritate tristitiam temporum
> condire.

On écrirait plus d'un volume sur l'histoire des vicissitudes subies par le théâtre du Palais-Royal, autrefois *salle des Beaujolais,* reconstruite en 1790 par la célèbre et infatigable Montansier. Avant son règne, car c'en fut un véritable, des acteurs de bois défrayèrent longtemps la salle des Beaujolais, et firent la fortune de leur directeur, qui n'avait jamais à craindre, de la part de ses pensionnaires, ni les jalousies, ni les indispositions de commande.

Enfin Brunet parut!...

De cette époque date une ère de prospérité dont on a vu peu d'exemples dans les annales dramatiques. Tout Paris courait en foule aux spirituelles bêtises du roi de la farce. Ses succès tarirent la caisse de messieurs les comédiens, ses ombrageux voisins, et ce brave Brunet, succombant enfin sous leurs intrigues quotidiennes, expia sa gloire par l'exil. Laissons Brunet se consoler amplement au théâtre des Variétés, où sa renommée s'accrut chaque jour davantage, et revenons à la scène d'où l'envie se tenait heureuse de l'avoir chassé.

Que devint le théâtre Montansier?

Il fut accaparé par un fameux danseur de corde, nommé Forioso ; ses exercices sur la corde roide passaient pour le *nec plus ultra* du genre, et bon nombre d'amateurs y venaient assister l'œil ébahi et la bouche béante. Mais il était écrit que la jalousie devait prendre à tâche de se faufiler dans la salle du Palais-Royal, et Forioso se vit surpassé bientôt par les frères Ravel, dont il avait accepté et méprisé le défi. Pour surcroît de douleur, maître Forioso inspira une passion violente à mademoiselle de Montansier, âgée alors de soixante-dix-huit ans, et prouva aux générations futures, en épousant cette amoureuse surannée, qu'il n'est pas sans danger, pour un bel homme, de s'habiller d'un maillot couleur de chair, et que tout danseur de corde, un peu raisonnable, devait laisser, à propos, échapper son balancier, afin d'avoir la chance de se casser le cou, plutôt que de finir par le saut périlleux d'un mariage octogénaire.

Béni sois-tu pourtant, infortuné Forioso ! car c'est à ta retraite que nous devons, sur l'ancienne scène de Brunet, la réapparition des joyeux vaudevilles ! Il est vrai que l'autorité du temps eut peur des nouvelles récriminations de la Comédie-Française, et ne permit que des pièces à deux personnages ; mais Martainville suppléa à la quantité par la qualité, et il ne fallut rien moins que les graves événements de l'empire pour faire retomber dans le néant ce petit théâtre, qui eut la courtoisie de mourir momentanément en même temps que celle qui l'avait bâti.

Hélas ! cent fois hélas ! quand il fit sa réouverture, il était livré aux bêtes !

N'allez pas croire que nous voulions parler des vaudevillistes de l'époque !

C'était une troupe de bêtes véritables, une troupe de chiens plus ou moins savants, qui exploitait la curiosité des bons Parisiens. Caniches, lévriers, épagneuls et barbets, peuvent se flatter d'avoir fait beaucoup de bruit dans le monde théâtral ; ces intéressants animaux eurent cela de bon, dans le cours de leurs représentations, qu'ils furent à l'abri de l'effet moral produit d'ordinaire par les sons aigus du sifflet : quelque spectateur mal avisé se permettait-il l'exercice incivil de la clef, on supposait charitablement que son maître, placé dans la salle, faisait à son chien, qu'il avait prêté le signe de reconnaissance ou d'appel, et il ne venait à l'idée de personne de donner une couleur d'hostilité à cette discordante manifestation. De là est venue l'origine de cette expression : *appeler Azor,* expression qui s'applique à toute pièce tombée. Le public siffle ; il appelle *Azor* ! Ce pauvre Azor n'est appelé, de nos jours, que trop souvent ! Heureux l'auteur en faveur duquel on le laisse dormir dans sa niche !

Lorsque la société des chiens savants ne trouva plus d'os à ronger dans la capitale, et que, se voyant aux abois, elle se décida à se ruer sur la province, le théâtre Montansier subit une quatrième métamorphose, et devint un élégant café. On y distribuait, à un prix assez élevé, de la bière, des échaudés et des glaces, mais les pièces qu'on y donnait par-dessus le marché étaient beaucoup plus difficiles à avaler.

. . . .
. . . .
. . . .
. . . .

Le 28 juillet 1830, à huit heures du matin, Paris était couvert de barricades. La plupart des arbres du boulevard, sciés dans la nuit, couvraient la chaussée ; à midi, on assiégeait l'Hôtel-de-Ville, qui était pris à deux heures. Le soir, il ne restait plus à prendre que la caserne de la rue de Babylone. Le lendemain 29 tout était pris, y compris la fortune de la France, sur laquelle MM. les libéraux mirent immédiatement la main; on sait ce qu'ils en ont fait ! Une semaine s'était à peine écoulée que Lafayette était mis de côté, et qu'en récompense de leurs longues trahisons nos libéraux se prélassaient dans tous les hauts emplois; nos modernes Brutus finirent cependant par ouvrir les yeux.

— Nous sommes joués, s'écrièrent-ils, ils nous ont escamoté la République, mais patience..... à eux la première manche, à nous la seconde, et elle sera terrible !

On se jetait des sous-préfectures à la tête comme les enfants se jettent des boules de neige. Les avocats voulaient être ministres, les commerçants hommes de cour, les journalistes ambassadeurs, etc., etc., etc. — Un de ces derniers, moins ambitieux en *apparence*, mais plus malin que les autres, comprit que la Presse (ce glaive à deux tranchants qu'il n'est pas indifférent de prendre par la lame ou par le manche) serait pour lui l'instrument le plus sûr pour arriver à la fortune. — Il imagina donc de spéculer sur la bassesse humaine, mais en grand et avec une audace inimaginable.

M. Charles M. se révéla un jour à tout Paris comme directeur-fondateur et seul propriétaire d'un journal théâtral et littéraire; et afin qu'on ne se méprît pas sur ses intentions, voici quel fut son audacieux programme.

« Nous prévenons nos lecteurs que toute personne appartenant de près ou de loin au théâtre, à quelque titre que ce soit, est à dater de ce jour, tributaire de notre journal. »

Il ne trompait pas son monde, au moins avec lui on savait tout de suite à quoi s'en tenir. Pénétrons cependant dans le repaire de ce journaliste matamore ; à l'œuvre on connaît l'ouvrier. Son cabinet avait un aspect d'une impudence et d'une effronterie révoltantes. — D'abord, sur son bureau figurait un pistolet chargé. — Le presse-papier qui retenait sa correspondance, n'était autre chose qu'un odieux serpent au dard toujours prêt à vomir la mort.

Sur un autre meuble, il étalait un énorme registre matricule révélant le secret de son honteux commerce et présentant par colonnes les noms de ses tributaires et le chiffre des contributions qu'il lui plaisait d'imposer à chacun. — Enfin, dans un des tiroirs entr'ouverts de son secrétaire, brillait une quantité considérable de pièces d'or: une dizaine de mille francs environ, qu'il étalait effrontément en disant : « Cet or que vous voyez, n'est point à moi, c'est la caisse de prévoyance que j'ouvre à mes chers artistes, car je suis l'ami des comédiens, quelques-uns d'entre eux se trouvent-ils dans la gêne, ils viennent me trouver, et je suis heureux de partager avec eux. »

Je vous fais grâce d'une foule de bibelots, de potiches, de tableaux, pièces d'argenterie qui ornaient les murs de son cabinet et qu'il faisait admirer à ses visiteurs, en leur soulignant adroitement que ces objets précieux étaient des gracieusetés de Mesdames et MM. tels et tels; malheur à qui faisait la sourde oreille.

Il avait pour principe immuable que tout auteur, directeur, comédien, chanteur, danseur, avant d'entrer en fonctions, devait se présenter chez lui pour lui rendre visite, réclamer ses bons offices et déposer entre ses mains le prix d'un ou de plusieurs abonnements à son journal. Si quelque débutant manquait à ce prétendu devoir, il était bien certain, le lendemain de son apparition, de recevoir comme premier avertissement un petit coup de patte, anodin d'abord puis crescendo, jusqu'à ce qu'il se soit exécuté. L'infortuné continuait-il à garder le silence ! oh, alors commençait pour lui un déchaînement, un éreintement de tous les jours. Il n'était sortes de mensonges, de calomnies que le doux Charles M. n'employât pour exterminer le rebelle. — Il fouillait dans la vie privée, en dénaturait toutes les circonstances, enfin il mettait tout en œuvre pour vous réduire au désespoir. Un de ses grands moyens de succès était la persévérance dans l'attaque ; dès qu'il luttait avec un ennemi, il ne le lâchait pas un seul jour, jusqu'à ce qu'enfin il fût parvenu à *le tomber*; il n'est pas jusqu'à Mlle Mars qu'il n'ait contrainte à passer sous ses fourches caudines. On rapporte que, ne pouvant pas trouver le moyen de mordre, il faisait abus de ce geste trop souvent. Talma connaissait bien la manière de museler ce farouche journaliste ! mais il aurait eu honte d'employer un pareil moyen ; cependant depuis ce moment, chaque fois qu'il entrait en scène, ce malheureux geste lui venait à la pensée. Dans chaque spectateur il croyait voir *Charles Maurice* le lui reprocher ironiquement, et sa mémoire alors le trahissait ; il lutta cependant longtemps, très-longtemps.

Mais enfin, n'y pouvant plus tenir et frémissant de colère, il alla trouver cet homme : « Soyez content, lui dit-il, vous m'avez vaincu, vous m'avez ravi mon état, je quitte le théâtre. » — Est-il possible ? la chronique ne dit pas comment finit cette entrevue ; mais ce mauvais drôle savait si bien spéculer sur la faiblesse de ses semblables, que peut-être a-t-il triomphé de notre grand tragédien.

Il avait su inspirer une terreur telle,

qu'il ne craignait plus de tirer à vue sur toutes les personnes dont il voulait obtenir quelque faveur, soit pour lui, soit pour ceux auxquels il vendait sa protection à beaux deniers comptant. Une jeune ingénue par exemple, voulait-elle se faire engager dans un théâtre, elle allait trouver *Charles M.* et lui promettait une forte prime, s'il parvenait à la faire débuter ; marché conclu, il allait trouver le Directeur qui, par intimidation et pour ne pas se brouiller avec le journal, accordait l'engagement demandé en échange duquel le protecteur de la jeune fille lui versait le honteux pot de vin convenu à l'avance.

Il avait fini par devenir l'objet du mépris public à ce point qu'entrant un jour au café de la Comédie-Française, il fut accosté par M. Edmond Seveste ! celui-ci, déposant son cigare après lui en avoir lancé la fumée en pleine figure, prit dans sa bouche une énorme gorgée de café qu'il lui cracha au visage aux applaudissements de tous les consommateurs. Cette scène ne fut que le prélude de l'entière déconfiture de M. Charles Maurice.

Après cette trop longue digression, rentrons, puisqu'il le faut, dans notre tohubohu révolutionnaire.

Le café Montansier obtint bientôt une célébrité orageuse. Il fut fermé après la seconde rentrée des Bourbons à la suite d'une équipée ridicule des gardes du corps, qui, à leur retour de Gand se vengèrent de leur retraite précipitée du 20 mars.

L'établissement rouvrit quelque temps après sous la direction d'un nommé *Valin* sous le titre de *café de la Paix.* Valin continua tranquillement d'y faire représenter de petites pièces à couplets, mais à deux personnages seulement. Les acteurs jouaient trois ou quatre fois la même pièce dans la même soirée, devant un public toujours nombreux.

Fermons les yeux sur ces tristes événements et rentrons dans ce pauvre théâtre, qui en un moment d'effervescence, venait de perdre son beau titre, sa digne protectrice et cette vogue brillante qui lui avait fait tant d'envieux.

« La salle du théâtre venait d'être exhaussée d'un nouveau rang de loges, au moment où les recettes allaient descendre d'un étage. La réouverture fut annoncée avec grand fracas; mais on s'aperçut bien vite que le goût du public était totalement changé. »

Les mignardises de Jenny Vertpré, les coquetteries de Mme Théodore n'étaient plus de saison, les beaux colonels joués par Gontier avaient perdu leur empire, il ne s'agissait plus de nous dire *qu'un vieux soldat doit souffrir et se taire sans mur-*

murer. Non, il fallait chanter avec Casimir Delavigne, sa fameuse *Parisienne* :

L'engouement était tel que cette cantate se hurlait à tue-tête dans tous les coins, dans les rues, dans les cafés, dans les spectacles. Notre pauvre et célèbre Nourrit a été une malheureuse victime de cette *Parisienne*. Souvent, sans que personne l'en priât, il revêtait son uniforme de garde national, prenait un drapeau tricolore et allait chanter cette chanson dans trois ou quatre théâtres. — Il y mettait un tel feu, une telle passion, qu'il perdit à ce vilain métier une partie de cette voix délicieuse que le beau climat de Naples ne fut pas assez puissant pour lui rendre.

On comprend aisément combien un tel bouleversement amena de fermentation dans les esprits ; personne ne se crut plus à sa place, toutes les ambitions étaient déchaînées. En présence de ce besoin immodéré d'honneur, de gloire, de puissance, M. Dormeuil ne rêvait plus qu'aux moyens de quitter la position secondaire qu'il occupait au Gymnase ; vainement il se creusait la tête ; rien n'en sortait. Un jour, cependant, il rencontre M. de Guerchy, l'architecte du Gymnase qui déjà avait voulu lui céder la direction du Vaudeville, car ce brave garçon non content d'être un habile architecte avait voulu, comme tant d'autres, goûter de l'autocratie théâtrale.—

Eh bien, cher Dormeuil où en êtes vous? voulez-vous que je vous fasse nommer sous-préfet? grand Dieu! que vous ai-je fait? — Vous n'avez qu'à parler. — Si je parlais, je saisbien ce que je demanderais.

— Attendez, cher ami, il me pousse une idée qui n'est peut-être pas mauvaise, venez me voir demain matin. M. Dormeuil fut exact au rendez-vous.

— Asseyez-vous, lui dit de Guerchy, et ouvrez vos deux oreilles : Il existe, à l'extrémité de la galerie Montansier, au Palais-Royal, une petite salle de spectacle...

— Où voulez-vous en venir ?

— Attendez : cette salle dans laquelle on a cessé, depuis 1809, de jouer la comédie proprement dite, est aujourd'hui dans un complet état de délabrement ; il faut la remettre à neuf, la rouvrir et y faire votre fortune.

— Y pensez-vous? Jamais on n'autorisera cette réouverture.

— Attendez. Je connais le propriétaire de cette salle, je l'ai vu hier; il consent à vous faire un bail conditionnel qui n'aura de valeur que le lendemain de l'obtention de l'autorisation ministérielle; vous ne courrez donc aucun risque. Il vous attend demain matin pour jeter les bases de votre bail, je vous accompagnerai chez lui; cela vous va-t-il?

M. Dormeuil croyait rêver; il ne pouvait se figurer un seul instant qu'on pût obtenir cette autorisation sollicitée vainement à tant d'époques différentes. Le lendemain, MM. Guerchy et Dormeuil sonnaient à la porte du propriétaire, 270, rue Saint-Honoré.

Sa réception fut très-obligeante; il fit entendre à ces messieurs qu'il pouvait disposer de quelques hautes influences qui leur seraient très-utiles pour enlever l'autorisation; puis il fixa, ainsi qu'il suit, le prix des trois périodes de loyers :

Quarante-trois mille francs pendant les six premières années, puis quarante-six et enfin quarante-neuf jusqu'à l'expiration du bail. Enfin, il fut dit que le preneur contribuerait jusqu'à concurrence de 60,000 francs au paiement des travaux de réparation à faire à la salle. Le surplus, s'il y avait lieu, devrait être supporté par le bailleur qui prenait l'engagement de faire construire à ses frais un escalier en fer qui, depuis, a toujours été considéré comme l'un des chefs-d'œuvre d'Albouy.

Toutes ces clauses longuement débattues, soigneusement discutées, ayant reçu l'approbation des deux parties contractantes et de leurs conseils, M. Dormeuil signa cet étrange bail qu'il considérait comme le prologue d'une comédie qui ne devait pas avoir de dénouement.

Le roi, prévenu de de ce qui se passait, dit nettement que l'établissement d'un théâtre dans l'intérieur de son palais lui serait peu agréable. Quant au ministre, à cheval sur la légalité, il était résolu à ne pas créer de nouveaux priviléges à Paris, mais il laissait entendre que si l'on trouvait un moyen de tout concilier, il verrait ce qu'il aurait à faire. On chargea M. Edmond Blanc, conseiller d'Etat, d'étudier la question; mais ce personnage, qui connaissait la pensée du roi, fit d'abord le récalcitrant.

« Ce que femme veut, Dieu le veut », dit-on; la femme du propriétaire, qui avait de son côté un si grand intérêt à la réussite de l'entreprise, mettait tout en œuvre pour se faire des protecteurs; ses amis étaient fidèles et puissants.

Ces messieurs se réunirent pour étudier la position; on circonvint Edmond Blanc, puis on se dit : le ministre s'est ouvertement prononcé; il n'accordera jamais l'ouverture d'un nouveau théâtre à Paris : renonçons donc à poursuivre une demande qui n'offre aucune chance de réussite, mais voyons s'il n'est pas possible de tourner la difficulté. Et d'abord!

Le *théâtre Montansier* est-il un nouveau théâtre? Assurément non; son titre seul indique la date de son origine. Son exploitation, depuis son ouverture, a-t-elle été interdite ou interrompue? Nullement. Elle a seulement été entravée, mais jamais interdite. Voici en quelles circonstances :

En 1809, un décret de Napoléon Ier, rendu à l'instigation du Théâtre-Français, a contraint, il est vrai, Brunet et sa troupe, qui faisaient alors fortune au Palais Royal, à aller s'établir au boulevard des Panoramas, mais la salle Montansier n'a pas, pour cela, fermé ses portes. Que voulait Napoléon Ier?

Eloigner du Théâtre-Français une concurrence redoutable. — Le reste lui importait médiocrement pour arriver à ses fins. Il s'inquiéta peu du droit, il trouva plus simple et plus expéditif de recourir à la violence; les pauvres comédiens s'éloignèrent sans mot dire. Quant à la salle Montansier, il n'a pas poussé l'injustice jusqu'à lui enlever son privilége; on ne lui fit pas même l'honneur de penser à elle, et la preuve, c'est qu'après le départ de Brunet et de sa troupe, l'exploitation du Palais-Royal a toujours continué, mais avec d'autres sujets. — On y a joué des pantomimes, des drames, des vaudevilles, de mauvais spectacles de curiosité s'y sont installés et jamais les droits du propriétaire ne lui ont été contestés. Il n'avait donc pas besoin à ce moment de demander un nouveau privilége, puisque le sien existait encore. Il ne réclamait aucune faveur nouvelle, aucune réparation du préjudice causé; il ne voulait qu'être replacé dans la condition où il se trouvait avant 1809, c'est-à-dire dans les avantages qui lui étaient communs avec les théâtres de genre et que son privilége lui confère encore aujourd'hui. Jamais prétention fut-elle mieux justifiée ?

En rentrant en possession de ses droits, le propriétaire s'empressait de renoncer à toutes ces exhibitions malsaines qui s'étaient succédées jusqu'à ce moment dans son théâtre et qu'il n'avait sans doute tolérées que dans l'impossibilité où il était de recourir à des moyens d'attraction plus avouables.

Ces considérations fort subtiles, habilement présentées par M. Edmond Blanc, frappèrent l'esprit du ministre qui ne demandait qu'à être convaincu et qui signa sans hésiter la bienheureuse autorisation. Le bruit s'en répandit aussitôt, mais ici, nouveau conflit! Le roi se montra fort irrité; le ministre, fort de son droit, se permit de trouver la colère du monarque assez déplacée; il refusa de s'en expliquer avec Sa Majesté et se borna à faire déposer sur le bureau du roi, avant son lever, le dossier complet du théâtre du Palais-Royal. A bon entendeur, salut! Louis-Philippe comprit tout; il se calma, et, deux jours après cet incident, M. Dormeuil était mandé chez M. Royer-Collard, directeur des beaux-arts, avec lequel il rédigeait un privilége d'autant plus avantageux pour lui qu'il était sans limites et qu'il pouvait au besoin transporter son exploitation dans un autre immeuble. On s'imagine peut-être que tout était terminé et qu'il n'y avait plus qu'à frapper les trois coups pour faire lever le rideau ?

Erreur ! c'est ici que les tribulations commencent. A peine le bruit de la réouverture de la salle Montansier se répandit-il, que, soudain, les directeurs des théâtres de Paris se coalisèrent pour demander la révocation de la concession qui leur était faite. Ils assignèrent le ministre, mais, n'ayant pu rien en obtenir, ils intentèrent contre lui une action devant le Conseil d'Etat et mirent dans leur poursuite un acharnement incroyable. Ils acceptèrent les bons offices de M. Crosnier, ancien directeur de l'Opéra-Comique et de la Porte-Saint-Martin, qui leur proposa de faire en leur nom toutes les demandes nécessaires à la réussite de leur instance. Ils ne s'en tinrent pas là. Sachant que l'ouverture de la salle ne pourrait être définitivement autorisée que le jour où la Préfecture de police, dans un rapport de *commodo* et d'*incommodo*, aurait déclaré que l'immeuble remplissait toutes les conditions d'isolement et de sûreté publique, ils s'empressèrent d'aller trouver le préfet et de lui dénoncer ce qu'ils appelaient son déni de justice. Ce magistrat était un farouche républicain, ami particulier d'Etienne Arago, directeur du Vaudeville. Mais, à la satisfaction générale, le préfet de police ne tarda pas à être remplacé.

Son successeur, M. Treilhard, était un ami particulier de M. de Guerchy; M. Dormeuil s'empressa d'aller solliciter sa protection. Il l'accorda avec autant de chaleur que son prédécesseur avait mis d'acharnement à nuire aux intéressés. Une commission d'architectes, présidée par M. Rohaut de Fleury, reçut du nouveau préfet l'ordre de se transporter à la salle Montansier et de rédiger un rapport qui fut entièrement favorable; il ne restait donc plus qu'à trouver l'argent nécessaire, 60,000 fr., pour entreprendre les travaux et pour établir un premier fonds de roulement. — Renonçant à l'espoir de trouver cette somme, M. Dormeuil était bien décidé à rendre son bail lorsqu'en se rendant dans cette intention chez le propriétaire, il rencontra M. Poirson. Un trait de lumière traversa aussitôt l'esprit de M. Dormeuil. Parbleu! se dit-il, il sera toujours temps de brûler mes vaisseaux... Essayons.

— Vous n'êtes pas, dit-il à M. Poirson, sans savoir ce qui m'arrive. Voici le bail du théâtre du Palais-Royal dont je suis locataire, et voici le privilége ministériel qui me concède l'exploitation de ce théâtre. — 60,000 francs me sont nécessaires et je ne puis trouver le premier sou. Laisserons-nous cette excellente affaire tomber en d'autres mains, ou voulez-vous m'aider à la mener à bien? Vous êtes embarrassé pour placer votre frère, je le prends pour associé?

M. Poirson examina les papiers, réfléchit quelques instants, puis il dit à M. Dormeuil :

— Soixante mille francs ne sont pas suffisants, je vous en offre quatre-vingt-dix mille. Nous créerons une société de cent vingt actions, trente appartiendront aux gérants à titre gratuit et je me charge du reste, cela vous convient-il?

M. Dormeuil accepta la proposition. Toute son ambition était satisfaite. Il voulait être directeur de l'un des théâtres de Paris; le reste lui importait peu.

Ces messieurs rédigèrent leur acte de société que chacun signa. M. Poirson et ses deux beaux-frères se rendirent propriétaires de quatre-vingt-dix actions La société se composait donc de cinq intéressés. — Les entrepreneurs qui venaient de réparer la salle du Gymnase se chargèrent des travaux.

Afin de donner à la salle un peu plus de largeur, on avait appliqué autrefois

le long de la partie du bâtiment donnant
sur ladite rue, un entablement en saillie
formant le couloir qui conduit aux bai-
gnoires, à l'un des côtés de l'orchestre et
aux avant-scènes. Cet entablement n'est
autre qu'une longue cage de fer boulon-
née sur le gros mur du bâtiment et sus-
pendue en l'air à partir de la hauteur du
premier étage. Ces indications sont nécessaires pour comprendre l'incident dont
nous allons parler. Cet entablement dis-
paraissant, l'exploitation devient impossible.

Avant de procéder aux travaux de reconstruction, les ouvriers procédèrent à
la démolition intérieure des agencements
qui constituaient en dernier lieu le *Café
de la Paix*. Ils enlevèrent les boiseries,
les vieilles tapisseries, et en arrachant
les papiers de tenture qui figuraient un
grand dôme de verdure et qui, par con-
séquent, masquaient les diverses encoi-
gnures du bâtiment, ils s'aperçurent, à
leur grande surprise, que le gros mur sur
lequel reposait ledit entablement, offrait
un surplomb considérable et demandait
une prompte reconstruction.

Nous sommes perdus ! s'écria M. de
Guerchy, s'il faut démolir le mur, adieu
l'entablement, la préfecture de la Seine ne
le laissera jamais reconstruire, et sans entablement le théâtre n'existe plus. On dut

arrêter les travaux, la commission fut mandée de nouveau; M. Rohaut ordonna la prompte reconstruction du mur, exigea un comble en fer au lieu de celui existant en bois qui n'avait été maintenu que par tolérance, puis il se retira en faisant pressentir une nouvelle inspection.

Jamais situation ne fut plus critique ! Cependant personne ne perdit courage. — La question d'argent embarrassait bien un peu, mais, après tout, aux termes du bail, ce surcroît de travaux retombait naturellement sur le propriétaire et, quoiqu'il fît la sourde oreille, on se borna provisoirement à son égard à une simple mise en demeure. — Sauvons la caisse, disait Bilboquet, M. Dormeuil, lui, disait : sauvons l'entablement d'abord et nous verrons après — mais par quel moyen ? Au moyen, répondit M. de Guerchy, de fortes branches de fer qui, traversant l'intérieur de la salle, viendront s'accrocher au mur du jardin et maintiendront alors l'entablement en équilibre, puis nous permettront de reconstruire intérieurement notre mur; ce qui fut dit fut fait.

Le commissaire de police permit d'entourer de planches une partie de la rue Montpensier. Par ce moyen on évita les curieux et l'on commença les travaux, emportant à dos d'homme les matériaux qui bientôt allaient servir pour la reconstruction. Malgré toutes ces précautions on était dans une appréhension mortelle, il semblait à chaque instant que le secret allait être éventé. Mais la Providence veillait. M. Dormeuil courut chez M. Houdequin, qui venait d'être nommé chef de la grande voirie. — Il lui raconta tout ce qui lui arrivait. Le cas lui parut grave ; conduisez-moi à l'instant à votre théâtre, nous allons voir de quoi il s'agit ; surtout gardez le plus profond silence, car, malgré tout mon désir de vous être utile, la moindre indiscrétion pourrait tout perdre. Rassuré de ce côté et fort de la protection de M. Houdequin, on put presser les travaux; bientôt le mur se releva comme par enchantement. Quant à l'entablement qui, pendant un mois entier, était resté suspendu la jambe en l'air, ce ne fut pas sans peine qu'il reprit son point d'appui. Enfin après trois mois d'inquiétudes et de difficultés sans cesse renaissantes l'édifice était terminé et l'on commençait à s'y reconnaître. Tout d'abord se présenta à l'appréciation des directeurs de la nouvelle salle une question de haute moralité.

Autrefois et pendant toute l'exploitation du théâtre Montansier, les choses se passaient avec beaucoup de sans façon. Trois loges de premier étage de chaque côté de la scène étaient louées à l'année par d'honnêtes matrones qui les faisaient occuper par leurs plus jolies sultanes revêtues de costumes les plus significatifs, puis, dans les entr'actes, elles se promenaient le long d'un balcon célèbre faisant saillie sur le foyers, où nos plus farouches révolutionnaires, Barras, Talien, Robespierre, se donnaient habituellement rendez-vous.

Fallait-il conserver à ces dames le privilège de cette location annuelle ?

En second lieu était-il convenable de laisser subsister ce balcon où se concluaient ouvertement chaque soir les plus honteux trafics.

Le temps de ces spéculations cythéréennes est passé, du moins pour le Palais-Royal, se dirent les directeurs ; soyons donc moraux, puisque nous ne pouvons faire autrement.

Le moment fatal approchait enfin ! Le joli mois de mai venait de faire ses adieux. La salle était entièrement terminée. Le premier spectacle était prêt. Il était composé d'un vaudeville de Bayard : *le Frotteur*, d'une petite comédie Louis XV, de de Villeneuve, et d'une pièce d'ouverture de Melesville et Bayard, dans laquelle figurait *Lepeintre aîné* représentant son personnage du soldat laboureur. *Sainville*, qui, dans son rôle de chevalier du lustre, déploya cette originalité que nous avons applaudie si souvent depuis son début. *Boutin*, le sosie de Tiercolin. *Paul Mine*, jeune comique fort original. Venaient ensuite Mmes *Théodore*, Mlle *Pernon*, *Lili Bourgouin*, *Couturier*, *Elomire* des Variétés, enfin la *mère Baroyer* que son grand âge avait éloigné de la scène et que le public revit et applaudit encore comme une vieille connaissance. Cette première réunion d'artistes allait bientôt se compléter des engagements d'*Alcide Touzez*, de *L'Héritier*, de *Régnier* et de *Samson* devenus sociétaires de la Comédie-Française, puis enfin de Mlle *Virginie Déjazet*, transfuge du théâtre des Nouveautés (place de la Bourse) dont la déconfiture était imminente. Les journaux s'occupaient beaucoup du théâtre du Palais-Royal. Mille bruits malveillants circulaient. Ils n'ouvriront pas, répétait-on chaque jour. — M. Poirson, fort impatient de faire taire la malveillance, voulait qu'on lançât une première affiche, bien qu'il sût que M. le ministre se réservait de déterminer lui-même le jour de l'ouverture. Au point où nous en sommes, disait-il, il faut brusquer. Affichons! Ce n'était pas l'avis de M. Dormeuil, mais, pour mettre les rieurs de son côté, il crut faire une chose fort maligne en envoyant à l'imprimerie une épreuve d'affiche ainsi conçue :

THÉATRE DU PALAIS-ROYAL

Aujourd'hui 4 juin 1831

POUR L'OUVERTURE

Première représentation de :

ILS N'OUVRIRONT PAS

La plaisanterie fut trouvée assez drôle, mais rira bien qui rira le dernier. Le lendemain, vers midi, le directeur recevait une lettre du préfet de police lui annonçant que, par arrêté ministériel, l'ouverture du théâtre du Palais-Royal annoncée pour le soir n'aurait pas lieu.

M. Dormeuil courut chez M. Vivien, lui conta son aventure, qui le fit rire aux larmes, puis, plein de bienveillance, il manda l'un de ses chefs de division, M. de Chanay, parent du ministre. — Prenez ma voiture, lui dit-il, et tâchez, s'il est possible, d'attendrir Son Excellence. — Tous les efforts furent impuissants; M. d'Argout se montra inexorable, et dit à M. Dormeuil en le congédiant : Je vous témoigne, monsieur, tout mon mécontentement. On dut faire mettre tout de suite sur les affiches le fatal mot : *Relâche !* On juge de l'effet que produisit un pareil mécompte. — Eh bien, qu'avions-nous dit, répétait la foule en se cassant le nez à la porte. Vous le voyez, *ils n'ouvriront pas.* Le lundi 6 juin, l'interdiction était levée, mais en même temps une cabale était savamment et chaudement organisée. On applaudit la pièce d'ouverture qui, à la vérité, était fort jolie, quant aux deux autres ouvrages, ils furent sifflés impitoyablement et presque immédiatement remplacés par une reprise du joli vaudeville de Scribe : *Les Grisettes* que Poirson avait transporté du Gymnase.

Ce n'était là cependant que la première étape de la tâche que M. Dormeuil poursuivait avec ardeur. Melesville et Brazier vinrent au-devant de ses vœux en lui apportant un petit chef-d'œuvre : *le Philtre champenois*, pour la continuation des représentations de *Samson* (qui, par suite de circonstances tout à fait exceptionnelles, venait d'abandonner le Théâtre-Français), pour les débuts de Paul Mine et enfin pour les débuts de Déjazet, cette charmante actrice qui, malgré ses précieuses qualités, luttait depuis longtemps contre le sort sans pouvoir rencontrer une scène où il lui fût permis de régner en souveraine, venait enfin de trouver au Palais-Royal un gentil trône vacant dont elle franchit les degrés avec une séduisante intrépidité. Son succès fut bientôt éclatant, un triomphe plus complet encore l'attendait dans les *Chansons de Béranger*, pièce à travestissement, de Vanderburck et Ferdinand Langlé, où elle lutta avec Lepeintre aîné de verve et d'originalité. Le but était rempli. Ces trois pièces réunies formaient un spectacle des plus attrayants. Chaque soir la foule encombrait les portes, les recettes dépassaient de beaucoup celles des théâtres rivaux, et, comme on dit en style de coulisse, le Palais-Royal tenait *la corde*, ce théâtre était lancé !

M. Dormeuil croyait n'avoir plus de vœux à former, cependant un beau matin, il se dit : tout cela est fort bien, mais, en toutes choses, quand on ne progresse pas on recule, il est temps de donner à mon répertoire une valeur plus réelle et pour cela il suffirait de faire appel à nos auteurs les plus en vogue, et, pour les attirer, leur offrir des avantages qui fussent en rapport avec ceux qu'ils recueillent dans les théâtres d'un ordre plus élevé que le nôtre. Il faudrait enfin pouvoir leur dire : venez à nous ; si l'exiguïté de notre salle ne nous permet pas de réaliser des recettes égales à celles de nos confrères, nous ferons en sorte de parfaire cette différence en rendant vos droits égaux à ceux que vous touchez soit au Gymnase, soit au Vaudeville, soit aux Variétés. M. Dormeuil prit donc successivement à part Melesville, Bayard et Dumanoir, et leur proposa de doubler leurs droits de billets en leur demandant en échange de prendre l'engagement de lui livrer chacun deux pièces par année, dont une en plusieurs actes. Par cette combinaison, le directeur trouvait, sans bourse délier le moyen de triompher de la concurrence et de grandir ses principaux acteurs dans la faveur publique. Il avait surtout besoin, pour mettre en relief le talent malicieux et original de Déjazet, dont le public raffolait chaque jour davantage, de marier ensemble deux collaborateurs dont le genre d'esprit réunit à la fois la grâce et la hardiesse que l'actrice aimée savait si bien déployer dans tous ses rôles. Dumanoir et Bayard étaient sans contredit les deux auteurs qu'il fallait accoupler. Le premier, homme du monde, châtié dans sa toilette comme dans son style, avait un tour d'esprit élégant et délicat, son travail sentait le Benjoin et la Bergamotte. Bayard, au contraire, était licencieux et brutal, mais ses attaques n'étaient pas sans valeur littéraire.

Ces deux auteurs se complétaient bien l'un par l'autre. Leur collaboration faisait espérer de grands succès. Le traité que

M. Dormeuil leur proposa fut accepté et signé. Le Palais-Royal tenait sa promesse, il satisfaisait son public. Le succès de *Farinelli* fut brillant et productif, les débuts de M. et Mme Leménil, dans le *Triolet bleu* semblaient aussi promettre une assez longue destinée, mais un scandale épouvantable faillit tout compromettre, et voici comment :

La pièce suivait paisiblement son cours et même avec faveur, lorsqu'au milieu du second acte, Leménil, sous un costume d'Alderman, de magistrat, entre en scène en s'écriant : *C'est toujours avec un nouveau plaisir...* A ces mots, hilarité générale, applaudissements ironiques, *bis, bis*. Il est bon de rappeler que Louis-Philippe, roi des Français, ne commençait ses harangues ou ses allocutions que par ces mots, il n'est pas sans intérêt non plus de rappeler qu'une opposition très-violente poursuivait et taquinait sans relâche ce souverain. — Comment donc ne pas saisir avec bonheur l'occasion de le plaisanter un peu. A la tête de cette petite émeute on remarquait les deux fils d'un illustre guerrier qui insistaient avec acharnement pour que la fameuse phrase fût répétée. Il va sans dire que le commissaire de police s'y opposa de tout son pouvoir, et que ce ne fut qu'après une scène des plus violentes qu'il fut possible de continuer la pièce, mais ce tumulte n'était que le prélude de celui qu'on organisait pour le lendemain :

> La pièce était livrée aux sifflets aguerris
> De tous les étourneaux des cafés de Paris.

Le lendemain donc le 1ᵉʳ acte fut écouté paisiblement comme la veille, mais quand Leménil parut, quand on vit qu'il s'abstenait de redire : *Messieurs, c'est toujours avec un nouveau plaisir*, le public insista violemment pour l'entendre ; vainement le commissaire de police vint-il dire que par ordre de la censure la phrase était supprimée ; à ce mot de censure le mécontentement du public ne connut plus de bornes, le vacarme fut extrême, et l'autorité fit baisser le rideau. Après un quart d'heure d'attente on le releva et on essaya de continuer la pièce. Aussitôt les tapageurs à la tête desquels se trouvaient les frères B..., sortirent de leurs poches de longues clarinettes et commencèrent un charivari désordonné, à ce point que la force armée fut obligée d'intervenir ; la mêlée dès ce moment devint générale. Les frères B... furent arrêtés et mis au poste du Palais-Royal. Le plus jeune des deux reçut, en descendant le grand escalier du théâtre, un de ces soufflets qui laissent empreinte sur la joue. Les femmes criaient et étaient affolées ; Mme la maréchale B..., qui était restée dans l'une des avant-scènes du rez-de-chaussée, assistait tranquillement au vacarme. M. Dormeuil prit sur lui de frapper à la loge, et d'offrir à Mme la maréchale B... de la conduire jusqu'à sa voiture par un escalier de service. Celle-ci refusa net et se mit à fendre la foule.

Quelques tentatives de désordre eurent encore lieu les jours suivants, mais cette malheureuse pièce eut cependant les reins assez solides pour soutenir le choc et fournir très-honorablement un assez grand nombre de représentations. Enfin le 23 août 1836, Dumanoir et Bayard débutèrent ensemble par *la Marquise de Prétintaille*, petit chef-d'œuvre plein d'audace et de gaillardise. Achard et surtout Déjazet s'y firent applaudir avec fureur. On put prédire, dès ce moment, que l'association de ces deux auteurs serait une source de fortune pour le Palais-Royal. La façon hardie et libertine d'écrire de Bayard, tempérée par la gentilhommerie de Dumanoir, se prêtaient merveilleusement au talent de Déjazet et la plaçaient tout à fait au premier rang. *Frétillon, la Comtesse du tonneau, Bruno le Fileur*, vinrent se grouper autour de la séduisante marquise. Eugène Labiche parut à son tour avec un gai vaudeville qui servit de début à Grassot, le grotesque, le plus désopilant qu'on ait jamais rencontré ; Levassor, avec *le Postillon de M*^me^ *Ablou*, inaugure le règne des chansonnettes comiques, mais toutes ces aimables productions devaient bientôt céder le pas au plus pyramidal de tous les succès, aux *Premières armes de Richelieu.* Devant ce délicieux ouvrage tous les théâtres de genre durent baisser pavillon. La vogue de cette pièce dura cinq mois entiers sans interruption. Mais nous ne pouvons passer sous silence un détail qui témoigne de la prodigieuse facilité de travail des auteurs : Bayard et Dumanoir. Les ayant tous deux un jour à dîner, chez lui à sa campagne, M. Dormeuil leur rappela les conditions de leur traité ; c'est à la fin de ce mois, leur dit le directeur, que je compte vous mettre à l'étude. Le sujet que vous traitez cette fois vous plaît-il ? Ils racontèrent à M. Dormeuil l'anecdote à laquelle ils avaient emprunté leur fable, mais ils s'aperçurent que leur récit était médiocrement intéressant ; la journée se passa sans qu'il fût de nouveau question de cette affaire. Après dîner ils montèrent en voiture en disant à M. Dormeuil qu'il pouvait compter sur leur exactitude. Or, voici ce qui se passa pendant leur voyage ; Dormeuil, dit Dumanoir, ne mord pas à notre plan, peut-être n'a-t-il pas tort. Ils se mirent alors à repasser dans leur esprit les différents sujets qu'ils se proposaient de traiter un jour ou l'autre. Leur choix s'arrêta sur *les Premières armes de Richelieu*. Ils en raisonnèrent pendant toute la route ; avant d'arriver à Paris leurs notes étaient prises et leur plan complétement arrêté. Dumanoir se chargea d'écrire le 1er acte et Bayard le second ; il ne fallut pas plus de deux jours à Dumanoir pour terminer son travail, qu'il remit fidèlement à son collaborateur qui n'y changea pas une virgule et qui fit bien, car ce premier acte est un vrai bijou. Bayard, de son côté, mit une extrême promptitude à achever le sien, et neuf jours suffirent pour que la pièce fût livrée, prose et couplets.

On ne connaît qu'un tour de force qui puisse être comparé à celui-là.—Théaulon demanda un jour à M. Dormeuil de lui lire un acte qu'il destinait à Déjazet : *la Périchole*. Le directeur, lui, reçut sa pièce après la lecture ; mais qu'on juge de son étonnement en regardant le manuscrit, c'était un cahier de papier blanc. Théaulon avait tout improvisé.

La vogue restait toujours fidèle au Palais-Royal. Les auteurs favoris ne se démentirent point. Ils donnèrent successivement *Indiana et Charlemagne, le vicomte de Letorières, Mlle Déjazet au Sérail*, etc.

A cette époque, M. Dormeuil, en sa qualité de doyen des directeurs et de président de cette société, fut chargé par ses confrères de faire auprès du Gouvernement les démarches les plus instantes afin d'obtenir une diminution si souvent réclamée *du droit des Pauvres*. Le côté gauche de la Chambre, si puissant à cette époque, offrit son appui. Lors de la discussion du budget, des discours très-remarquables appuyèrent la réclamation des directeurs, et ceux-ci allaient peut-être obtenir gain de cause, lorsque M. Dupin aîné, alors président de l'Assemblée, monta à la tribune, puis, en sa qualité de membre du conseil des hospices, traça un tableau fort attendrissant des infortunes de la classe pauvre. Il pleura, sanglotta, et les bons députés, que cette demande intéressait fort peu, passèrent encore une fois à l'ordre du jour; cependant M. Duchatel, ministre de l'intérieur, frappé de la justesse des arguments présentés en faveur des théâtres, donna ordre aux inspecteurs généraux des établissements de bienfaisance de lui rédiger un travail raisonné sur cette question. Ces messieurs se mirent à l'œuvre et présentèrent bientôt à Son Excellence un rapport concluant à une réduction importante de ce droit. Cette question revient sur le tapis, mais, encore aujourd'hui, l'administration persiste à se montrer rebelle aux justes réclamations des directeurs.

C'est à ce moment que fut joué *La rue de la Lune*, charmante folie d'un auteur plein de verve et d'originalité, M. Varin, mort il y a trois ou quatre ans. La réussite de cette pièce fut complète. Elle procura d'abondantes recettes et acheva de mettre le sceau à la réputation d'un nouvel acteur, M. Ravel.

Après les grands succès de *Richelieu*, d'*Indiana et Charlemagne*, de *Létorières*, Bayard et Dumanoir, devenus les auteurs à la mode, commencèrent à négliger un peu le Palais-Royal; les collaborateurs les assiégeaient; les directeurs voulaient les accaparer. Bayard, surtout, fortement outrecuidant, faisait de droite et de gauche des promesses à d'autres théâtres et délaissait nécessairement son collaborateur habituel. Dumanoir, trop fier pour se plaindre, restait les bras croisés en l'attendan et se livrait de son côté à d'autres travaux. — Que voulez-vous, disaient ces auteurs, nous devenons chaque jour plus embarrassés, Déjazet vieillit (que diraient-ils s'ils la voyaient jouer encore ses mêmes rôles aujourd'hui, à soixante-dix-huit ans!) ça n'est plus *Lisette,* quant aux travestissements, nous les avons tous épuisés. Après *Richelieu*, il faut tirer l'échelle. Que répondre? Déjazet, de son côté, enivrée de ses derniers triomphes, mettait au renouvellement de son engagement des conditions ruineuses. La position, comme on le voit, était hérissée de périls ; il fallait à tout prix sortir de cette impasse. Les auteurs de la maison refusaient de continuer leur tâche. A qui la confier désormais? Personne n'était capable de la remplir, personne ne l'entreprendrait utilement.—On avait demandé au talent de Déjazet tout ce qu'il croyait qu'il pût donner ; on ne revient pas sur le passé. Déjazet ne pouvait plus être qu'une gêne, qu'un embarras. Il fallait la laisser partir. Ce qui fut dit fut fait. Déjazet entra aux Variétés et ne vécut plus que sur son ancien répertoire. Mais l'émigration de cette artiste d'élite porta un coup sensible au Palais-Royal. Pendant plusieurs mois, les recettes se ressentirent de son absence et il fallut toute l'énergie de M. Dormeuil pour tenir tête à l'orage. Son collègue, qui cependant avait été de son avis, ne pouvait s'habituer à cette baisse sensible ; les actionnaires murmuraient, les journaux se montraient gouailleurs. Cet état de choses dura près de six mois, mais il cessa alors comme par enchantement. Une folie en trois actes, *l'Almanach des 25,000 adresses*, jouée par Sainville, Grassot et tous les comiques, eut le prilége de *désenguignonner* le théâtre et de lui ramener sa fugitive clientèle. Bayard et Léon Laya donnèrent ensuite une charmante comédie, également en trois actes, *l'Étourneau,* dans laquelle Ravel se montra très remarquable, et qu'on a reprise depuis au Gymnase.

A partir de ce moment, Déjazet fut complètement oubliée au théâtre du Palais-Royal qui retrouva sa vogue des premiers jours ; mais le coup était porté, Charles Poirson, esprit inquiet et peureux, n'avait plus confiance et croyait tout perdu ; il disait à qui voulait l'entendre que s'il trouvait acquéreur il vendrait aisément sa part d'administration. M. Dormeuil cherchait à le dissuader, mais tout fut inutile. Ce voyant et craignant qu'il m'amenât un associé qui ne lui conviendrait pas et que bien certainement il refuserait, M. Dormeuil pensa à son ami Benou qui, par raison de santé, venait de vendre sa charge de commissaire-priseur.

Il demanda une dernière fois à Charles Poirson si sérieusement son intention était toujours la même, et sur sa réponse affirmative il l'aboucha avec Benou. Ceci se passait à la fin de l'année 1845 et Benou entra en fonction le 1er janvier 1846 en stipulant qu'en dehors de la comptabilité il espérait bien rester étranger à tout ce qui concernait les planches. Et, en effet, il tint parole. M. Benou resta l'associé de M. Dormeuil jusqu'en 1860. — A cette époque, celui-ci manifesta le désir de se retirer du théâtre. Quand il fit part de sa résolution à son associé, M. Benou lui déclara qu'il ne resterait pas au Palais-Royal un jour de plus après lui. A ce moment, M. Boyer, ex-directeur du Vaudeville, vint offrir à M. Dormeuil *cent mille francs* de sa part de directeur, mais M. Léon Dormeuil vint se mettre aussi sur les rangs pour succéder à son père, et, comme il apportait aussi la somme de cent mille francs exigée, il obtint comme de juste la préférence. M. Benou, lui, céda sa part au même prix à M. Plunkett. La nouvelle direction n'eut que la peine de récolter ce que la précédente avait semé, c'est-à-dire que la caisse du Palais-Royal ne désemplit plus. Il y a cinq ou six ans, M. Adolphe Choler, auteur dramatique en réputation, vint demander à intervenir pour un tiers dans l'association Dormeuil-Plunkett. Les actionnaires du Palais-Royal acceptèrent, et M. Adolphe Choler fut agréé moyennant le versement d'une somme de 60,000 francs. M. Léon Dormeuil profita de l'arrivée de ce troisième associé pour stipuler que : à l'avenir il profiterait de la présence permanente de ses deux co-associés pour aller passer ses hivers à Monaco, où il possède une magnifique villa. — Nous n'avons pas besoin de dire que la plus parfaite entente règne entre les trois directeurs de ce théâtre, dont Harel avait prédit la fortune durable en 1840, lorsqu'il disait : « *Je défie Dormeuil de ne pas faire mille francs par jour au Palais-Royal.* » En effet, les recettes atteignent aujourd'hui 4,000 et 5,000 fr. par jour. Ce qui, au taux de 12 0/0 sur la recette brute, rapporte d'assez jolis droits aux auteurs favoris MM. Labiche, Gondinet, Delacour, Meilhac, Halévy, Grangé, Victor Bernard, Chivot, Duru, Jules Renard et Saint-Agnant-Choler.

LES TROIS DIRECTEURS

M. LÉON DORMEUIL

Digne fils de son père, l'heureux fondateur du Palais-Royal. Directeur très-positif, très-pratique, administrant de façon à satisfaire tout le monde, M. Léon Dormeuil tranche toutes les difficultés par la justesse de ses appréciations. Personne ne sait mieux que lui ménager l'amour-propre si suceptible des artistes; de plus, M. Léon Dormeuil est grand metteur en scène, aptitude assez rare chez nos directeurs actuels, qui croient pouvoir se croiser les bras quand ils ont engagé un régisseur... à tout faire.

M. PLUNKETT

Devint directeur du Palais-Royal en 1860 en rachetant la part de M. Benou, associé de M. Dormeuil père. — M. Plunkett arrivait alors de Bruxelles où il avait dirigé les Galeries - Saint - Hubert avec M. Delvil. M. Plunkett a toutes les qualités requises pour mener à bon port la barque directoriale. Au physique, avec ses favoris côtelette et ses rares cheveux collés sur les tempes, M. Plunkett ressemble à un parfait gentleman de l'Angleterre. M. Plunkett est le frère de Mme Doche, cette grande artiste dont le nom restera attaché à l'œuvre d'Alexandre Dumas fils : *la Dame aux Camélias*.

M. ADOLPHE CHOLER

Avant tout, auteur dramatique, un titre dont il est fier, car il lui rappelle ses nombreux succès sur presque tous les théâtres de Paris. Citons au hasard parmi ses principaux ouvrages : *le Bal de la halle* (Vaudeville), *la Vieillesse de Brididi* (avec Rochefort), *les Pinceaux d'Héloïse*, *Un pied dans le crime* (avec Labiche,

Palais-Royal), *les Chemins de fer* (avec Labiche, Palais-Royal), *Après le bal* (Gymnase), etc,, etc. Son frère et collaborateur Saint-Agnan semble avoir renoncé tout à fait au théâtre. Nous n'avons pas oublié, nous, qu'il est l'auteur de toutes ces jolies revues, deux ou trois fois centenaires, qui faisaient courir tout Paris à *Bobino*. Aussi désirons-nous revoir bientôt le nom de ce spirituel confrère sur les affiches. Mais revenons à l'auteur-directeur : M. Adolphe Choler a toujours un monocle dans l'œil et le chapeau sur le coin de l'oreille. De mauvais plaisants disent qu'il ne *dé... cholère* jamais à son théâtre, mais, n'en croyez rien, tous les artistes du Palais-Royal lui font la réputation d'un homme sévère... mais juste.

COMPOSITION

DE

LA TROUPE DU PALAIS-ROYAL

EN L'AN DE GRACE 1874

MM.	MM^{mes}
Geoffroy	Julia Baron
L'Héritier	Reynold
Brasseur	Georgette Olivier
Gil-Perez	Alice Regnault
Hyacinthe	Delile
Lassouche	Valérie.
René Luguet	E. Bilhaut.
Pellerin	Lemercier
Deschamps	Linda
Calvin	Barataud
Montbars	Debreux
Numa	Marie Leroux
Bucaille	Miette
Strinz	

13 hommes et 13 femmes. Partout ailleurs, ce chiffre aurait une influence fatale ; mais non, le Palais-Royal est au-dessus de toutes les superstitions.

Ce qui porte malheur aux autres lui porte bonheur, à lui.

JEAN-MARIE-MICHEL GEOFFROY

Acteur français, né à Paris vers 1820. Fut d'abord ouvrier bijoutier. Malgré les résistances de sa famille, il s'engagea dans une petite troupe ambulante qui exploitait les environs de Paris et dans laquelle il fit son apprentissage dramatique en gagnant 50 francs par mois. — Après avoir paru une première fois au Gymnase (1838) il alla jouer à Nancy et revint débuter à la Gaîté dans le rôle du pompier de *la Belle Ecaillère*. N'ayant point encore obtenu d'engagement, il retourna en province et fit même un séjour en Italie. En 1840, il parut sur le théâtre de Rouen et joua avec succès presque tous les rôles de *Bouffé*. Enfin il fut engagé à Paris au Gymnase, vers la fin de l'administration de M. Delestre-Poirson (Juin 1844), et devint, sous M. Montigny, un des plus fermes appuis du théâtre.

Il serait superflu de citer toutes les pièces qui lui ont fourni dans toute cette période de sa carrière artistique autant de succès que de rôles.

Geoffroy témoigna une grande reconnaissance à Scribe qui, au lendemain de sa création dans *l'Image*, le prit en haute estime et ne cessa de lui conseiller la patience. Grâce à cet auteur illustre et à ses encouragements, Geoffroy vit bien souvent s'enfuir les heures de défaillance. En 1863, des raisons d'amour-propre le décidèrent à quitter le Gymnase, qui donnait alors dans la même soirée : *Les Pattes de mouches*, de Victorien Sardou, et *le Voyage de M. Perrichon*...

Geoffroy, justement froissé qu'on lui fît jouer la pièce de Labiche en lever de rideau, résilia son engagement et entra au Palais-Royal, où il débuta d'une façon très remarquable dans *Célimare le bien-aimé* (27 février 1863), mais à ce théâtre il fut forcé, le plus souvent, de remplacer, par la charge et les effets de gaieté bruyante, les qualités littéraires et plus délicates auxquelles il devait sa réputation déjà grande.

Geoffroy se distingue par la franchise, le naturel, par la science des effets et surtout par la *résistance*, cette qualité qui consiste à apporter autant de conscience et d'efforts à la centième représentation qu'à la première. — Il a aussi le mérite d'avoir vaincu, à la scène, une sorte de bégaiement qu'il conservait hors du théâtre.

Geoffroy a, pour son art, une passion que trente ans de travaux n'ont point ébréchée. Les rôles, on peut le dire, sont épousés par lui et il sait que le divorce est banni du code.

Avons-nous besoin de rappeler toutes les créations de Geoffroy au Palais-Royal ? *Les 39 sous de M. Montaudoin, la Cagnotte, Un pied dans le crime, les Chemins de fer, Gavaud, Minard et C*^{ie}*, le Chef de division, la Pièce de Chambertin*, et en dernier lieu *le Homard*. A la ville, c'est le bourgeois par excellence. Aussitôt qu'il a fini de jouer, il est déshabillé en une minute et transporté d'un trait dans sa petite maison de Belleville, où il met son vin en bouteilles et fait des cages à lapins pour se reposer des fatigues du théâtre.

ROMAIN THOMAS DIT L'HÉRITIER

Est né à Neuilly-sur-Seine en 1808.

En quittant à dix-sept ans le Collége Bourbon, aujourd'hui Lycée Bonaparte, il savait sa littérature contemporaine et tout Molière sur le bout de l'ongle. Ses parents le destinaient aux spéculations grandioses de la Banque, et L'Héritier avait justement toutes les aptitudes diamétralement opposées. — Bien qu'élève de Brard ou de Saint-Omer (on ne sait au juste lequel), l'apprenti banquier ne mordait guère à la science des Laffitte et des Rothschild. Il négligeait les bordereaux de comptes-courants... pour copier et recopier des rôles. Le soir, il jouait chez Carlotti, Ducroq ou Doyen, — trois théâtres de société tout à fait oubliés aujourd'hui et dont les conditions locales étaient assez étranges. On n'arrivait sur la scène de Doyen qu'après avoir gravi péniblement quatre étages, puis il fallait descendre plusieurs marches dans une obscurité épaisse et nauséabonde pour pénétrer chez Ducroq.

Malgré les succès énormes qu'il obtenait dans ces troupes, L'Héritier refusait constamment les propositions d'engagement qui lui étaient faites pour la province et l'étranger.

Quant aux théâtres de Paris, son ambition n'allait jamais jusqu'à se voir coudoyant des artistes qui, son ardente imagination aidant, lui paraissaient des héros

Dont le front rayonnait de sublimes clartés.

Il ne fallait rien moins qu'une révolution pour décider le jeune L'Héritier à affronter la rampe d'un théâtre parisien.

Le canon populaire qui renversa les Bourbons en 1830, fut le signal d'une espèce de fièvre théâtrale qui s'empara de toute la gent dramatique.

Des théâtres sur lesquels on se contentait de mimer ou de danser osèrent ajouter les pièces de Molière à leur répertoire. Puis on vit deux nouvelles salles s'ouvrir : l'une au Palais-Royal même, à la salle Montansier ; l'autre, dans un quartier populeux, déshérité, depuis 1807, de tout établissement de ce genre, et qui reprit le nom de Théâtre-Molière que lui avait donné le sieur Boursault, lorsqu'il l'établit en 1792, rue Saint-Martin.

Il fallait de nouveaux acteurs et surtout des acteurs à bon marché. L'Héritier fut donc enlevé aux théâtres des sieurs Doyen, Carlotti et Ducroq.

Mais, hélas ! au bout de six semaines, le théâtre nouveau mourait entre les bras de ses quatre directeurs. L'Héritier se trouvant sur le pavé commençait à regretter les bureaux de banque, lorsque M. Dormeuil lui proposa un engagement. Il accepta. C'était le 1er octobre 1831. L'Héritier se résigna à graviter autour de ces astres qui s'appelaient Samson, Regnier, Lepeintre aîné, Paul Mime, Sainville, Mmes Déjazet, Baroyer, Falcoz, etc.

L'Héritier a fait au Palais-Royal des créations importantes qui lui ont constitué un fort beau bagage. — Il suffit de citer, pour le passé, les rôles de *l'Aumônier du Régiment*, *l'Enfant du Faubourg*, *le Vicomte de Létorières*, *les Secondes noces*, *l'Almanach des* 25,000 *adresses, le Bourreau des Crânes, le Trou aux Lapins, la Savonnette impériale,* etc., etc.

Franc, ouvert, communicatif, soutenu par une persévérance à toute épreuve, une suprême gaieté et une philosophie charmante, se réjouissant des bons rôles, maudissant un peu les mauvais, et pardessus tout cela homme du monde et de grand esprit, tel est ce vaillant artiste que les bravos du public ont désigné, depuis vingt ans, comme *l'héritier* du talent de Sainville.

Geoffroy a trouvé, dans L'Héritier, un digne partenaire de son immense talent. Ce dernier a pu, en lui donnant la réplique, faire ressortir comme jamais, les finesses de son jeu. Il suffit de citer les dernières créations qu'ils ont faites ensemble : *Célimare le bien-aimé, la Cagnotte, la Grammaire, Gavaut Minard et C*ᵉ*, le Chef de Division, le Roi Candaule,* etc., etc.

A la ville, L'Héritier, toujours très-bien mis, toujours ganté, a l'air d'un riche bourgeois retiré. Il vit en famille, à Batignolles, où il demeure depuis... la fondation de cette commune, à qui il ne pardonnera jamais de s'être laissé annexer.

JULES DUMONT DIT BRASSEUR

Acteur comique, né à Paris, en 1829, est le fils d'un marchand de bois qui le destinait au commerce. Après avoir fait ses études à l'institution Jauffret et suivi jusqu'en rhétorique les cours du collége Charbin, Brasseur fut placé comme commis gantier dans un magasin de la Chaussée-d'Antin. En 1847 il débuta au théâtre de Belleville et fut engagé six mois après aux Délassements, d'où il passa, au bout d'une année, aux Folies-Dramatiques, puis au Palais-Royal, où il débuta dans les conditions suivantes :

M. Dormeuil père, étant allé aux *Folies Dramatiques*, l'avait trouvé remarquable dans une petite pièce dans laquelle il jouait un auvergnat. Je suis sûr, se dit-il, qu'avec son originalité il réussira dans ce genre-là, et M. Dormeuil engagea notre artiste, mais *six mois* après seulement ; en 1852, il le faisait débuter dans une petite pièce de M. Siraudin, pièce qu'il avait donnée à arranger à Labiche, qui en fit ce petit chef-d'œuvre intitulé : *le Misanthrope et l'Auvergnat*.

Brasseur y obtint un succès fou ; M. Dormeuil avait donc bien fait de ne pas écouter son confrère M. Mourier, qui avait dit que Brasseur ne ferait jamais rien. Depuis lors, Brasseur a créé au Palais-Royal les rôles de Vergeot, dans le *célèbre Vergeot* de *Sir Muffin*, dans *Sur la Terre et sur l'Onde*, d'Achille, dans *le Chapeau de paille d'Italie*, de Mme Floquet ; dans *le Roman chez la Portière*, de Godefroy ; dans *la Perle de la Cannebière*, de Jérôme ; dans *le Bal d'Auvergnat*, d'un des *Fils de Cadet Roussel* (1860), du garde champêtre dans *la Demoiselle de Nanterre* (1862). Un de ses meilleurs succès est celui qu'il a obtenu dans le rôle de Colladan, dans *la Cagnotte* (1864), et enfin dans *Tricoche et Cacolet*, où il a créé Tricoche avec un réalisme admirable. Brasseur joue tous les genres, tous les rôles : les Ravel, les Grassot, les Hyacinthe, voir même le Mélingue, et gagne à faire ce métier-là 25,000 francs par an, sans compter ses cinq mois de congé qui lui rapportent autant. Brasseur est père de famille et propriétaire d'un château qui n'est pas sur la Garonne... car tout le monde peut le voir à Maisons-Laffitte.

GIL-PÉRÈS (JOLIN)

Surnommé le casseur de cœurs, parce qu'il donne des leçons de déclamation aux jolies petites débutantes. Gil-Pérès a des poses épiques, et une intonation de voix nazillarde des plus singulières.

Oôôôô! Mââââdâââââme. En somme, un des acteurs les plus cascadeurs et des plus spirituels de la troupe du Palais-Royal. Il a toujours l'à-propos à la bouche. M. Dormeuil père l'engagea après l'avoir vu jouer *Jonas dans la baleine*, une féerie de la Porte-Saint-Martin.

Son premier grand succès date du Gymnase, où il faisait un garçon de café au deuxième acte du *Mari qui se dérange*; c'est dans ce rôle que, le premier, il a lancé le fameux *boum*! devenu légendaire chez les garçons de café.

M. Montigny, qui cependant voit juste, n'avait pas cru au talent de son pensionnaire, il ne le faisait jouer au Gymnase que dans des bouts de rôles. Gil-Pérès avait donc toutes les chances.... de rester parfaitement inconnu, lorsqu'un crime (oui un crime) vint mettre son nom en lumière. A cette époque, un assassinat épouvantable venait d'être commis à Paris et l'assassin arrêté avait déclaré se nommer Pérès.

Ce fut un trait de lumière pour le jeune comédien du Gymnase. — Enfin! je vais sortir de l'ombre! s'écria-t-il, et en effet, une heure après, il envoyait une note à tous les journaux pour prier de ne pas confondre Perès l'assassin avec Perès l'acteur. Gil-Pérès et René Luguet étaient les amis intimes de Lambert-Thiboust, cet auteur de tant d'esprit, ce qui donne encore une fois raison au proverbe « *qui se ressemble s'assemble.* »

Tricoche et Cacolet et *Doit-on le dire*, ont mis le comble à la réputation de Gil-Pérès qui, en dehors du théâtre, vit chez lui, rue Grétry, dans un charmant *buen retiro* tout meublé de souvenirs qui lui ont été donnés par les célébrités artistiques ses amis.

LOUIS-HYACINTHE DUFLOST

Naquit à Paris, le 15 avril 1814. — Dès le berceau, le jeune Hyacinthe se vit armé de ce nez qui est devenu proverbial et auquel il doit sa fortune.

Ce n'est pas tout... Comme difformités, cet enfant chéri de la Muse comique a des mains gigantesques, des pieds... de roi, une voix enrouée, une tournure gauche et empesée, et le crâne aussi chauve qu'une tête de pavot.

La destinée de Hyacinthe était toute tracée par la nature. Son miroir lui révéla bien vite sa vocation véritable. Aussi, dès l'âge de six ans, le voyons-nous s'enrôler dans une troupe d'élèves qui, sous la direction de M. et Mme Fusil, commençait l'étude difficile de l'art théâtral. Cette troupe donnait des représentations à la salle Chantereine où ont défilé presque tous les comédiens illustres de ce temps-ci. Peu d'entre eux, cependant, peuvent se vanter d'y avoir, comme Hyacinthe, fait trépigner le public d'enthousiasme.

Hyacinthe jouait alors le rôle de Jocrisse dans le vaudeville en vogue, ayant pour titre : *Jocrisse corrigé*. Il eut un tel succès de fou rire, il parut si bien *né* (sans calembour) pour porter la veste rouge et la culotte jaune traditionnelle, qu'à la pointe du dernier couplet il conquit un engagement. — Le directeur qui avait jeté les yeux sur lui était M. Comte, qui venait enfin d'obtenir la permission, qu'il sollicitait depuis si longtemps, d'ouvrir un théâtre d'enfants. — On juge de la joie de Hyacinthe. A dater de ce jour, il était sacré artiste dramatique; Talma était son confrère. Il allait faire des créations ; on allait écrire des rôles pour lui ; la *claque* allait soigner ses entrées, et le public allait lire son nom sur les affiches du passage Choiseul.

Le talent d'Hyacinthe grandissait chaque jour, mais son corps aussi. Les culottes et les chaussures du magasin de costumes étaient devenues trop petites pour notre jeune comique. Une croissance malheureuse le contraignit donc à renoncer au théâtre Comte devenu trop étroit pour lui.

Que faire? A quelle porte directoriale aller frapper? — Trop vieux pour les théâtres d'enfants, trop jeune pour les théâtres d'hommes, Hyacinthe ne savait quel parti prendre.

En attendant un engagement, il entra chez un éditeur de musique comme commis et se mit à figurer le soir au théâtre des Variétés, sans se douter alors que les planches qu'il foulait verraient un jour ses plus beaux succès.

Mais l'amour-propre de Hyacinthe s'offensait à l'idée de rester toujours figurant. Notre comique partit pour la province où, pendant six mois, il se mit à mordre à belles dents dans la plus belle vache enragée dont cabotin ait jamais mangé.

Le retour à Paris ne fut pas non plus ce que Hyacinthe l'avait rêvé. Après mille rebuffades, notre acteur se vit accueillir à l'Ambigu... momentanément, bien momentanément, car il ne tarda pas à débuter au Vaudeville, où il fût resté plus longtemps, sans les Variétés qui le réclamaient et où il pressentait bien qu'il ferait florès.

En effet, c'est de ce théâtre que commence la réputation de Hyacinthe. Il fit sa première création sur cette scène dans la pièce intitulée : *Madame d'Egmont.* Il se fit aussi remarquer dans *le Maître d'Ecole,* de désopilante mémoire, *Ma Maîtresse et ma Femme, les Cuisinières,* et surtout dans *les Saltimbanques,* qui lui firent gagner ses plus glorieux chevrons.

Après sa dernière création aux Variétés, dans *les Petits Mystères de Paris,* le théâtre du Palais-Royal le prit enfin pour pensionnaire. Il débuta sur cette scène en 1847, dans *le Trottin de la Modiste.* Quand M. Dormeuil l'avait demandé à Nestor Roqueplan, directeur des Variétés, celui-ci lui avait répondu :

— Vous voulez prendre Hyacinthe ? Gardez-vous bien de faire cette bêtise.

Mais M. Dormeuil, qui avait son idée, n'engagea pas moins ce comique, qui avait des admirateurs illustres, ainsi qu'on va en juger :

Un jour, M. Dormeuil reçoit la visite de Balzac qui avait appris la nouvelle de l'engagement de Hyacinthe par les journaux.

— Monsieur, dit l'auteur de la *Comédie humaine* au directeur du Palais-Royal, je viens vous adresser mes plus sincères compliments. Vous avez engagé Hyacinthe, votre *fortune est faite !*

A partir de ce moment, chaque rôle fut un nouveau succès pour cet acteur : *le Tigre du Bengale, Piccolet, la Femme aux Œufs d'or, Pulkriska et Léontino*, etc., lui doivent une bonne part de leur réussite.

En 1870, pendant le siége, Hyacinthe faisait partie de la garde nationale, dans le 32e bataillon (Montmartre), comme triangle. Trouvant cet emploi très-lucratif, il le conserva pendant la Commune. Aux promenades militaires, son nez suivait le mouvement et battait la mesure. Il a les pieds tellement grands, que son capitaine d'habillement lui refusa des souliers, lui donnant pour raison qu'on n'en trouverait jamais qui lui allassent.

Cependant, il parvint à en obtenir au dernier moment, grâce au stratagème suivant : A une revue passée par le colonel *Millière*, il imagina de couper le dessus de ses chaussures. On ne pouvait, comme de juste, laisser aller *le triangle* en sandales, et on lui fabriqua les godillots de ses rêves.

Il était curieux à voir à cette époque, avec son képi à petite visière : son nez, sous cette coiffure, ressemblait à une énorme vitelote sous un dé à coudre.

En temps ordinaire, qui n'a vu Hyacinthe traverser Paris le matin avec son chapeau de feutre à larges bords et son manteau tartan? Il revient alors de la Halle ou du marché de Montmartre avec un sac de pommes de terre sur l'épaule et une botte de carottes à chaque main.

Le père de Hyacinthe était perruquier au théâtre Comte. Sa mère y était ouvreuse. Mais où est le temps où lui venait à cheval à son théâtre et où il jouait en culotte de peau de daim? — Ah! vous étiez un joli *gommeux*, monsieur Hyacinthe!

Un dernier mot :

Cet excellent artiste ne mourra jamais de faim; il n'aurait plus un sou en poche qu'il lui resterait toujours un excellent piano pour vivre. En effet, Hyacinthe a un *nez rare* !

LE BARON BOUQUIN DE LASSOUCHE

(SALUEZ!)

A commencé au théâtre Montmartre, puis est entré à l'ancienne Gaîté où il fit d'assez bonnes créations dans les rôles de paysans. M. Dormeuil fils le jugea du coup capable de remplacer Grassot, de légendaire mémoire, et l'engagea au Palais-Royal. Les créations de ce comique (qui paraît si lugubre à la ville) sont aussi nombreuses que les victimes de Mlle Cora Pearl.

Qu'il nous suffise de rappeler la dernière, *le Magot*. Dans cette *folie*, de M. Sardou, Lassouche s'est montré grand comédien. Il avait imaginé pour son rôle une petite toux sèche qui était une véritable trouvaille. Aussi sceptique que spirituel, Lassouche a toujours un trait malin et *incisif* à décocher à l'un et à l'autre.

Lassouche passe tout le temps que lui laisse son théâtre à l'Hôtel des Ventes, où il achète et revend, en véritable connaisseur, vieux tableaux, vieilles faïences, vieux bouquins; tout lui est bon pour son petit commerce. Du reste, ne sait-on pas que c'est son premier métier? Avant d'être comédien, il était commis chez un marchand d'antiquités. Comme on voit, le goût lui en est resté.

Signes particuliers : Très-aimé, très-apprécié du public du Palais-Royal, qui pouffe de rire rien qu'en le voyant entrer.

Lassouche cumule : il est dessinateur et auteur; ne l'en dissuadez pas, ce dernier titre n'est pas celui qui le flatte le moins. *Les Amazones de Nanterchine* (aux Folies-Dramatiques), *l'Ahuri de Chaillot* (aux Menus-Plaisirs) et dix autres petites pièces à femmes jouées dans les théâtricules, constituent son bagage dramatique.

Lassouche déménage constamment, non parce qu'il ne peut payer son terme, mais par amour du changement, Enfin, quand vous demandez à Lassouche ses notes biographiques, il vous les refuse *hermétiquement*, et, quand vous lui demandez pourquoi, il ajoute : « C'est un *principe*. »

Lassouche *serait-il de 89* ?

En tous cas, il est le protecteur patenté des nouvelles femmes *chics* qui entrent au Palais-Royal.

Par exemple, ses amours princières (car il est d'une générosité seigneuriale) durent peu, le temps de meubler Mlle Blanche D'... et de lui apporter, dans une petite boîte capitonnée, la clef de son appartement (une clef en or, s'il vous plaît !)

Lassouche n'aime pas que les femmes, il professe aussi un véritable culte pour... les grenouilles. Il était tout dernièrement très affecté de la perte de *Rosalie*, une jolie petite reinette verte qui, dit-il, était... *tout son portrait* (*sic*).

A beaucoup d'esprit d'improvisation en scène. Dans une représentation extraordinaire aux Variétés, où tous les artistes des autres théâtres devaient défiler en silence devant le public, Lassouche, lui, s'arrête devant le trou du souffleur et se met à dire : « Il m'est défendu de vous parler, mais je vous dis bonsoir tout de même. »

BENEFAUD, DIT LUGUET

Le chef de l'innombrable tribu des Luguet naquit dans un entr'acte, sa mère ayant été prise des douleurs de l'enfantement en scène. René eut donc en partage la finesse, voire l'esprit : ses rôles sont étudiés, et il approche quelquefois de la comédie, comme dans l'*Amant aux Bouquets*, la *Corde sensible*, le *Passé de Nichette*, etc., etc.

Figure ouverte et originale, rondeur aimable et joyeuse, grand joueur de boston, interprète les bons garçons au naturel; il fait des chansons pour l'Eldorado, comme il en a fait pour les dîners de la Gousse et la Société des Vingt, dite de la Pagode. Grand ami de George Sand. Sa vie est toute une histoire : avant de monter sur les planches, il est resté cinq ans mousse sur un navire faisant voile pour les cinq parties du monde.

A seize ans, il jouait les *grimes* dans une troupe de comédiens ambulants. A vingt ans, il prenait les premiers rôles, et à trente les premiers amoureux; il a créé, au Vaudeville, la *Dame aux Camélias* avec son ami Pérès qui y a créé Saint-Gaudens. Il est à remarquer que ces deux acteurs se sont toujours trouvés ensemble, au Vaudeville, au Gymnase et au Palais-Royal. Doué d'une grande intelligence, constamment aiguisée au contact des gens d'esprit, Luguet devint rapidement un comédien spirituel et soigneux.

Son frère, Henri Luguet, est régisseur général du théâtre Michel à Saint-Pétersbourg; son autre frère, Eugène Luguet, est directeur du Théâtre-Français à *Berlin!!!*

Mais nous devons dire, à la louange de René, qu'il a renoncé à toutes relations avec ce frère si peu patriote.

Les frères Luguet, dont la sœur est Marie-Laurent, sont donc ce qu'on appelle de véritables enfants de la balle.

René vit tout à fait en dehors de ses camarades. — Habile professeur de déclamation, il compte de nombreux élèves. Sa dernière création a été les *Noces de Boisjoli*. — René Luguet refuse, comme Lassouche, de communiquer ses notes biographiques; il se les réserve, dit-il, pour écrire ses mémoires qui promettent d'être piquants, mais qui paraîtront... quand? je l'ignore, et lui aussi. — Une anecdote pour finir. C'était à l'époque où René Luguet jouait avec un égal succès, à Bruxelles, les rôles de Lafont et ceux d'Odry.

Un soir, dans un drame moyen-âge, Luguet apporta au roi une dépêche que le garçon d'accessoires avait laissée en blanc.

Le contenu de cette dépêche, le roi ne l'avait pas appris. L'acteur chargé de ce rôle (un nommé Baptiste qui depuis a été à l'Odéon) ne se déconcerte point, et présentant la dépêche ouverte à Luguet :

— Lis, lui dit-il.

Luguet hésite un instant, puis, avec le plus beau sérieux : « Excusez-moi, Sire, né de parents honnêtes, mais pauvres, je n'ai pas appris à lire. »

Le roi perdit la tête, et le public siffla d'importance Sa Majesté.

PELLERIN

M. Dormeuil père l'engagea dans une tournée qu'il fit à Lyon.

Peu ou point d'enthousiasme, prend la vie comme elle vient, s'inquiétant aussi peu de ses camarades que ceux-ci se préoccupent peu de lui. Les créations de Pellerin sont innombrables, il a été de toutes les pièces représentées au Palais-Royal. Pellerin bon garçon, pas gênant, s'habille dans la loge commune, surnommée le *bain à quatre sous*, avec Lassouche, Bucaille, Deschamps et les néophytes. Les murs de cette loge sont couverts de caricatures de toutes sortes, notamment dans le coin où s'habille Lassouche. M. Pellerin est le délégué des artistes dramatiques auprès des artistes du Palais-Royal ; signe particulier : bien portant, ne potine jamais.

HENRI DESCHAMPS

Fils du fameux Julien Deschamps qui fit jadis les beaux jours du Gymnase et de la Russie. Une passion déterminée pour la carrière dramatique arracha le jeune H. Deschamps à son établissement de nouveautés de *La Tentation*. Au collége, il jouait déjà la comédie; son père ne voulait pas entendre parler théâtre; mais, un beau jour, le jeune artiste quitta le magasin de la place Beauvau, et se fit engager au théâtre des Champs-Elysées, où il débuta dans *la Cigale et la Fourmi;* et de là il entra aux Bouffes, et se lia très-intimement avec une de ses camarades, mais les appointements réunis de ces deux tourtereaux ne suffisaient pas pour avoir une existence panachée de beefteaks aux pommes, ils partirent donc pour Constantinople et Odessa, avec la troupe de Manassé, un Turc qui a dirigé assez malheureusement le théâtre Déjazet, il y a deux ans. A son retour, Deschamps se fit engager aux Menus-Plaisirs, sous la direction Gaspari.

C'est dans l'*Ahuri de Chaillot*, une pièce insensée de Lassouche, que M. Plunkett le remarqua et le trouva bon pour le Palais-Royal.

M. Henri Deschamps a justifié, depuis six ans, la bonne opinion que son directeur avait de lui. Ses meilleures créations ont été : le Sapeur, dans le *Baptême du petit Oscar; Elle est bête! A qui le Tablier? La Clarinette postale.* Dans des reprises très-importantes, *Tricoche et Cacolet*, il a joué les deux rôles ; dans *Le plus heureux des trois, la Sensitive* et *le Magot*, celui de Brasseur et celui de Gil-Pérès. Il a repris aussi les rôles créés par Brasseur. En somme, jeune artiste, très-gentil, très-comme il faut, et très-demandé dans les salons pour chanter la chansonnette ou faire des imitations qu'il réussit très-bien ; demandez plutôt à ses camarades, il les imite tous. Très-studieux, très-travailleur, ce jeune acteur est sur le chemin du succès, il ne tient qu'à lui d'hériter du talent de son père, que nous venons d'avoir le plaisir de revoir jouer au Vaudeville dans *les Ganaches*.

Le jeune Deschamps a, comme Brasseur, le don des transformations multiples ; il joue aussi bien un Anglais qu'un Auvergnat, un Italien qu'un Allemand, et pour réussir ces métamorphoses il s'inspire du souvenir de Levassor que nous lui souhaitons d'imiter avec autant de talent qu'il en met à imiter Brasseur.

CALVIN

A joué pendant longtemps aux anciennes Folies-Dramatiques ; de là, il émigra en Belgique, où il tint, jusqu'en 1870, l'emploi des premiers comiques, au théâtre des Galeries-Saint-Hubert. — La direction du Palais-Royal l'a engagé, il y a un an. M. Calvin, selon nous, a du talent ; mais ce n'est pas l'homme qui doit désopiler la rate de ses concitoyens sur la scène charentonesque du Palais-Royal. Néanmoins, malgré sa nature froide, M. Calvin saura toujours se rendre utile et même indispensable. — Marié et père de trois enfants, Calvin passe pour être un joyeux convive.

Lassouche disait, l'autre soir, dans le bain à quatre sous : « Quand son verre est plein, c'est lui *qu'a l'vin* gai !

MONTBARS

A des prétentions à la royauté (en république quelle audace !), jure sur la tête de son concierge qu'il est un des derniers descendants de V. Ivan IV. A fait ses premières armes à la banlieue et a joué à l'étranger, notamment en Egypte. S'est fait engager aux Délassements, puis aux Bouffes où il a créé *la Main leste, le Luxe de ma Femme, A Charenton*, et *le Fifre enchanté*, est entré au Châtelet où on l'a fait jouer *onze fois* dans une année. Dégoûté de cette grande scène, il entra aux Menus-Plaisirs, et y débuta dans le rôle de *l'Ogre des Contes de Perrault*, puis créa successivement dans les *Griffes du Diable, la Cocotte aux œufs d'or, Rocambole aux enfers*, et *la Mariée de la rue Saint-Denis*.

Montbars fait du journalisme et des chansons à ses moments perdus. Il nous a fait lire *la Légende du Crocodile*.... c'est très-réussi, parole. Peintre lui-même, il fait de nombreuses pauses dans les ateliers de peinture, on le rencontre souvent chez M. *David (Ernest)*. Si nous parlons de ses défauts, nous dirons qu'il est très-joueur et ne perd jamais. En dehors de son théâtre, Montbars fraye peu avec ses camarades, il a le caractère profondément bourgeois, et, comme la plupart des bourgeois, est propriétaire. Pour s'en assurer, allez lui rendre visite à sa petite maison de Passy, où il vous montrera sa galerie de tableaux.

A la fermeture des *Menus-Plaisirs*, c'est-à-dire l'été dernier, *Montbars* est entré au Palais-Royal et y a débuté dans un à-propos de Clairville et Busnach : *les Esprits des Batignolles*. Montbars n'a pas fait là une création bien brillante ; mais croyez bien qu'il trouvera avant peu l'occasion d'exhiber au premier rang son talent et son obésité.

Au physique, Montbars a une grande ressemblance avec feu Désiré.

NUMA

Fils de l'excellent comédien qui a fait pendant si longtemps les beaux soirs du Vaudeville et du Gymnase. Numa fils a fait ses premières armes au cercle Pigalle, dans *Pigalle-Revue*. Il débuta, au Gymnase, dans *Fernande*. En 1870, il partit soldat, et revint chez M. Montigny, où il eut le bonheur de faire quelques créations dans *Les Reflets*, dans *les Cloches du soir* et dans *Andréa*. C'est alors que les directeurs du Palais-Royal l'engagèrent et le firent débuter dans le *Baptême du petit Oscar*, dans la *Leçon de Duel*, etc., etc. Numa fils arrivera bien certainement.

Que cet intelligent artiste se rappelle toujours, comme dirait M. Prud'homme, qu'il est le fils de son père! et il ne fera pas moins bien que lui.

BUCAILLE

D'origine belge. Troisième comique. A commencé à Bruxelles. Venait de province quand il fut engagé au Palais-Royal, à la suite d'une audition qui mérite d'être rapportée. — Bucaille avait un mouvement de tête qui parut assez drôle aux directeurs et qu'ils se promirent d'utiliser dans sa pièce de début. Mais on s'aperçut bientôt que ce qu'on croyait un tic cocasse de l'invention de l'artiste n'était qu'un défaut physique très-nuisible à la scène. Cet artiste, qui sait se rendre utile, est attaché pour quelques années encore au théâtre du Palais-Royal.

STRINZ

Jeune élève de Régnier. Jouait dans les matinées de Ballande. La Direction du Palais-Royal l'a engagé pour remplir des petits rôles.

On est prié de prononcer le nom de cet artiste en tenant son mouchoir de poche. En effet, quand on entend appeler :
Strinz !!!
. . . .
Tout le monde répond : Dieu vous bénisse !

M. Strinz a reçu la médaille militaire pour sa vaillante conduite pendant la guerre.

JULIA BARON

A paru d'abord en Italie, puis a débuté à la Porte-Saint-Martin, dans *la Biche au bois*. A cette époque, Julia était une des plus jolies actrices de Paris. Elle alla créer ensuite, aux Folies-Dramatiques, *l'Œil crevé*, d'Hervé ; c'est elle qui chantait la valse devenue populaire :

> Menuiserie,
> Charpenterie,
> Font de ma vie
> Le seul bonheur, etc., etc.

Engagée au Palais-Royal pour remplacer Schneider, Julia Baron y a joué à peu près tous ses rôles. Elle a fait quelques bonnes créations, dans *Doit-on le dire?* et dans *Tricoche et Cacolet* (Mimi Bombance). Les *formes* de cette jolie châtaine annoncent assez qu'elle est née au meilleur... *arrondissement* de Paris

Mlle Julia Baron avait tout perdu à la roulette à Hombourg, elle n'avait même plus assez d'argent pour revenir à Paris, lorsqu'un affineur d'or, aujourd'hui agent de change, la rapatria, lui meubla un superbe appartement, rue de la Ferme-des-Mathurins, et lui acheta une maison magnifique à Neuilly.

Quand elle jouait l'*Œil crevé* aux Folies-Dramatiques, un Anglais fort riche venait tous les soirs et lui faisait demander quand elle consentirait à le rendre le *gentleman* le plus heureux de la terre.

— A la *centième*, fit répondre Julia Baron.

Or, comme on a joué l'*Œil crevé* plus de trois cents fois, notre plantureuse artiste a pu rendre trois fois heureuse... la libre Angleterre. — Julia Baron a autant d'appas à la mer que sur la scène, seulement, sur la plage, où nous l'avons aperçue dans le simple appareil, elle nous a fait l'effet d'un joli homard cuit. — Nous crûmes, un moment, qu'elle s'était maquillée du haut en bas pour séduire ce bon Neptune, mais non, cette rougeur n'était que l'éruption d'un sang vermeil à la surface d'une peau de satin. — Julia Baron espère mettre un jour sur ses cartes

JULIA

BARONNE

A l'heure où nous écrivons, la Russie s'arrache ses charmes (et il y a de la prise!), mais, rassurez-vous, Julia nous reviendra bientôt, elle n'est partie que pour trois mois, le temps d'aller faire une partie de traîneau sur la Néva et de remonter sur la *scène*.

GEORGETTE OLIVIER

En ce temps-là, dit Paul Mahalin, *Nestor Roqueplan* écrivait à *Léon Sari :*

« Mon cher ami,

« Je t'envoie un joli morceau, pas piqué des vers. — As-tu une place pour lui dans ton garde-manger ?

« Tout à toi. »

Mademoiselle Georgette Olivier était le joli morceau pas piqué des vers, elle resta une couple d'années dans le garde-manger de M. Sari. Elle alla des Délassements aux Variétés, où elle créa quelques rôles de soubrette avec infiniment de brio. Elle faisait une très-gentille paysanne dans *la Vieillesse de Brididi*. Ce gentil minois chiffonné est l'ami de tous les hommes de lettres. Georgette Olivier a tout l'esprit que Blum n'a point mis dans ses revues et ses féeries (jugez!) On lui disait : Georgette, ce pauvre B... vous est attaché comme un chien d'aveugle. — Oui,

répondit-elle, mais j'ai coupé la ficelle !
Oh ! ce théâtre des Délassements, que de
joyeux souvenirs il évoque sous la plume !

Un soir qu'il n'y avait personne dans la
salle, Mlle d'Orléans (rien de la Pucelle),
qui était en scène au lever du rideau, tira
un jeu de cartes de sa poche et entama un
cent de piquet avec le chef d'orchestre sur
le pupitre de celui-ci... Les ouvreuses
pariaient et les municipaux donnaient des
conseils.

— Cinq cartes.

— Trop jeune.

— Tierce au *larbin*.

— Ça ne vaut pas une quatrième aux
fines herbes.

— Quatorze de cocottes.

— Fouille-toi, j'ai les *monarques*.

— Tu peux écrire à tes parents que tu es
bien près de *claquer*....., etc., etc. J'en
passe et des meilleures et des plus dis-
tinguées.

Georgette Olivier a changé d'emploi en
entrant au Palais-Royal, où elle a fait immédiatement peau neuve dans *les Grandes
Coquettes*. Ses principales créations à ce
théâtre sont : *le Sapeur et la Maréchale,
le plus heureux des trois* ; elle reprit avec
non moins de succès le rôle de Julia Baron, dans *Tricoche et Cacolet*.

C'est Georgette Olivier qui a mis en cir-
culation cette pensée indigne de Laroche-

foucauld : Pour être aimé des actrices c'est une question de *tant*. Georgette Olivier lève la jambe à la hauteur... d'un sacerdoce... et d'un cinquième ; c'est à cet étage qu'elle reste, 5, rue Meyerbeer. (Il y a une jolie petite patte de biche à la porte, parbleu !!!...)

MADAME DELILLE

A doublé pendant longtemps, non pas le cap Horn, mais Mme Thierret au Palais-Royal, aujourd'hui elle lui succède à la satisfaction générale. Mme Delille n'est pas une femme... du moins pour les acteurs du Palais-Royal, car, à la scène, ces messieurs la traitent presque en garçon. Qui ne se souvient des horions qu'ils lui administraient, pour rire, bien entendu, dans *les Mémoires de Mimi Bamboche*, et autres cascades insensées ? Mme Delille pousse d'interminables soupirs, quand on lui parle de sa jeunesse ! pensez donc, une de ses premières créations remonte à l'origine des *Pilules du Diable*, féerie dans laquelle, du reste, elle était charmante. En un mot, une brave et digne femme, une comédienne de la vieille roche, une excellente camarade et par dessus tout... *un type*. Ne pas croire que parce qu'elle s'appelle *Delille* elle est du *Nord*.

REYNOLD

Bonne pensionnaire, avec un petit nez dans lequel il pourrait pleuvoir... des billets doux. Les directeurs du Palais-Royal ont enlevé Mlle Reynold au théâtre de la rue de la Tour-d'Auvergne et l'ont fait débuter d'emblée dans *Madame est couchée*. Cette création l'a posée tout de suite. Mlle Reynold joue en ce moment dans la *Pièce de Chambertin*... Reynold eut aussi un grand succès dans *le Plus heureux des trois*.

VALÉRIE

Quand les directeurs du Palais-Royal l'ont engagée, elle jouait au théâtre Déjazet. Mlle Valérie fait des progrès tous les jours. Elle a débuté très gentiment au Palais-Royal dans la *Sensitive*. Allons, Messieurs, une bonne petite création pour cette gracieuse enfant, si gentille dans *le Chef de Division*, *le Roi Candaule* et *les Incendies de Massoulard*. Travaillez ferme, Mlle Valérie, et nous répondons de votre avenir... dramatique.

MADAME HENRI DUPONT

Femme de M. Dupontavisse, ex-directeur du théâtre Beaumarchais; elle a joué aux Bouffes-Parisiens quand son mari était à la tête de cette scène avec M. Lefranc. Mme Dupont a débuté au Palais-Royal dans le *Carnaval d'un Merle Blanc*. On l'a engagée à ce théâtre pour remplacer Julia Baron, que la Russie nous enlève momentanément. Mme Dupont était en train de répéter un vaudeville inédit de M. Saint-Agnan Choler, lorsque la Porte-Saint-Martin est venue l'enlever à MM. Dormeuil, Plunkett et Choler, pour la faire jouer Gusman dans le *Pied de Mouton*.

ELISA BILHAUT

Pensionnaire du Palais-Royal depuis très longtemps, mais n'y a jamais eu d'emploi bien arrêté. C'est une jolie *utilité*. Sa sœur Hélène, aujourd'hui retirée du théâtre, a tenu longtemps au même théâtre l'emploi des soubrettes. Son départ fit même quelque bruit au Palais-Royal à propos d'un personnage de haute volée, M. G... M..., qui voulait forcer la direction à donner un rôle à sa protégée ; il y eut altercation et même provocation en duel. Mais, au moment d'aller sur le terrain, M. G... M... reconnut qu'il avait outrepassé ses droits et que son amour l'avait rendu... idiot.

EUGÉNIE LEMERCIER

A débuté au théâtre par un *succès*. Elle a créé le rôle de l'enfant dans *les Pirates de la Savane* à l'ancienne Gaîté. Sa physionomie et les accents dramatiques qu'elle développait dans ce rôle en avaient déjà fait une actrice. La création de ce drame lui prédisait déjà un bel avenir. Quelque temps après elle joua le prince de Beauharnais dans *Les Pages d'une grande Histoire*, où elle obtint également un succès. M. Hostein se l'attacha définitivement au Châtelet, où elle reprit le rôle de Cendrillon créé par Galli-Marié, et où elle se fit remarquer par la façon dont elle le joua. Mais les fatigues la décidèrent à rompre son engagement. Elle quitta le théâtre, et le reprit il y a un an seulement pour aller à Tours comme ingénuité. Le directeur, M. Blondin, qui la connaissait, lui fit faire de brillants débuts après lesquels elle revint à Paris pour entrer à l'Ambigu. C'est là que M. Plunkett la remarqua et lui proposa de la faire débuter dans *la Femme qui bégaie*; ce qu'elle accepta. Après ses débuts, elle fut engagée de suite, et créa le rôle de Mme de Pompone dans *le Chef de Division*. Elle se fit remarquer aussi dans *la Grammaire* à côté de Geoffroy et de L'Héritier. La direction du Palais-Royal vient de prolonger l'engagement de Mlle Lemercier, qui se rappelle avec orgueil qu'elle a fait ses premiers pas à côté de Mme Doche, dans *Giroflé-Girofla*. Mlle Lemercier avait alors six ans... et pas de corset, bien entendu.

LINDA

Nous l'avons connue au joli petit théâtre des Nouveautés. Ses beaux yeux l'ont fait engager au Palais-Royal où elle a joué très-gentiment un rôle d'ingénue dans *le Roi Candaule*. (Nota Bene). *Linda* n'est pas de *Chamonix*.

MARIE LEROUX

Amie intime de Déjazet qui lui a fait faire ses premiers pas sur son théâtre. Depuis, Mlle Marie Leroux a joué à l'Ambigu et y a créé des rôles, notamment dans *l'Article 47.* De M. Billion à M. Hostein il n'y a pas loin... par le boulevard, c'est pourquoi Mlle Marie Leroux entra au nouveau théâtre de la Renaissance l'année dernière, et y débuta avec succès dans *la Femme de feu.* C'est là que M. Plunkett l'engagea pour le Palais-Royal où nous l'avons applaudie dans *le Réveillon, Elle est bête* et *les Incendies de Massoulard.*

DEBREUX (MARGUERITE)

Nous avons assez parlé d'elle dans notre opuscule des Bouffes... Nous ajouterons que Mlle Debreux vient encore d'attacher son nom à un procès quelque peu scandaleux... M. Gabriel H...., en ce moment en villégiature... pour cinq ans, a déclaré avoir payé à Mlle Debreux un ameublement de 60,000 fr. Nous demandons à Mlle Debreux si elle mettra à son tour M. Gabriel H.... dans ses meubles quand il aura fini sa villégiature.

ALICE REGNAULT

Voir sa biographie dans notre volume des Variétés. Ajoutons qu'elle vient de débuter au Palais-Royal dans le *Homard,* une création qui ne peut que la faire rougir... très-agréablement.

BARATAUD

Prix du Conservatoire, a fait de brillants débuts au Gymnase, dans *l'Épreuve*, puis a joué au Vaudeville, aux Folies-Marigny, dans *la Vie Brûlée*, de Mme Figuier, et à la Renaissance, dans *la Parisienne*, de la même Mme Figuier, qui ne pourrait se passer de cette gentille interprète. Mlle Barataud vient de faire une bonne création dans *le Chef de division*; elle n'est pas moins bonne dans la pièce de M. Gondinet, *le Homard*. Mlle Barataud montre avec un orgueil bien légitime une dédicace d'Alexandre Dumas fils qui lui prédit un brillant avenir.

Signe particulier : habite Saint-Mandé, et s'y rend tous les soirs après le théâtre. Mystère et famille, famille et mystère!... Au fait, de quoi que je me mêle?

MIETTE

Très-jolie, très-élégante, avec une *miette* de talent.

A fait ses premières armes et lancé ses

premières œillades au théâtre de la Tour-d'Auvergne. Mlle Miette est au Palais-Royal, comme sœur Anne sur la tour de Malbrouck ; c'est-à-dire qu'elle ne voit rien venir... en fait de créations, ce qui ne l'empêche pas d'envoyer 150 francs à la souscription ouverte au *Figaro* pour retirer du Mont-de-Piété, les draps et les couvertures des pauvres. Mlle Miette vient au théâtre dans son coupé comme presque toutes les actrices du Palais-Royal.

LYDIE

Regrette les Folies-Marigny. Ah! c'était le beau temps! Les fauteuils d'orchestre et les avant-scènes se remplissaient pour elle! Quelle excellente et plantureuse nature! ce n'est pas avec Lydie qu'on ne ne sait à quel *sein* se vouer. On se voue avec bonheur... aux deux!

RÉGIE ET FOYER

LA RÉGIE

Dans cette petite boîte, il y a de la place pour trois personnes et encore faut-il qu'elles n'aient pas plus d'embonpoint que Mlle Sarah Bernhardt, c'est tout au plus si Dumaine pourrait y entrer la moitié de son ventre. C'est là que M. Tautin (père de Lise Tautin, dont on nous a annoncé la mort en Italie) confectionne les bulletins de répétition, les billets à la presse, en un mot tout ce qui concerne les écritures de l'administration; c'est là aussi que le régisseur général Rodriguez fait son tableau de répétition.

RODRIGUEZ

Cet artiste dramatique a passé sa vie à l'étranger. Il a été directeur à Bucharest, à Jassy et à Odessa ; c'est lui qui, le premier, a installé un théâtre français à Constantinople (1863). De là, revenu à Paris, il joua la comédie à Beaumarchais, à Déjazet (où il fit d'importantes créations), et au Château-d'Eau. Il fut recommandé à M. Plunkett, par le directeur des Galeries St-Hubert à Bruxelles, M. Delvil, dont il avait été le pensionnaire comme artiste et régisseur.

M. Rodriguez, installé au Palais-Royal, depuis trois mois à peine, s'est acquis déjà des sympathies dans l'administration.

Les principaux régisseurs qui ont précédé M. Rodriguez au Palais-Royal sont MM. Fillion, aujourd'hui directeur du théâtre de Rochefort, Valaire, aujourd'hui régisseur général du petit théâtre des Folies-Montholon, et Alerme, ex-artiste pensionné des théâtres français de Russie.

Il serait injuste d'oublier M. Garin, un des rares « bons souffleurs » que nous ayons. M. Garin qui arrive de Lyon a vu de suite à qui il avait affaire. Il a vaincu toutes les difficultés, et elles sont nombreuses dans un théâtre où les artistes sont de grands personnages qui changent, selon leur fantaisie, le texte des auteurs. M. Garin est maintenant de force à souffler les pièces de Labiche aux Iroquois.

LE FOYER

Figurez-vous l'intérieur d'un omnibus. Quatorze personnes y siégent mal à l'aise sur deux banquettes trop élevées pour y être commodément assis, et d'un râpé ! On m'assure qu'elles datent de l'entrée des Israélites dans la Terre promise. (Il est bon d'ajouter que ces banquettes, qui ont le moelleux du.... moellon, servent de coffres pour resserrer les instruments de l'orchestre.) Mais ce foyer a beau être bien tenu et bien frotté, on y étouffe en hiver comme en été.

L'été, on y remédie en ouvrant l'unique croisée qui donne sur le jardin du Palais-Royal, dont le vert feuillage fait oublier, pendant l'entr'acte, les arbres en toile peinte du décorateur. On voit au foyer les photographies de Sainville, Alcide Tousez, Levasseur, Hoffmann, Leménil, Grassot, Ravel, Lepeintre aîné, Coupart, Achard, Amant, Déjazet, Scriwaneck, etc., etc. Un piano recouvert de sa housse, un poêle en faïence et un vieux régulateur dans sa gaîne complètent l'ornement rococo.

Les auteurs en réputation qui ont fait les beaux jours du foyer du Palais-Royal furent nombreux. Citons entr'autres les auteurs qui ne sortaient jamais seuls, ceux qui travaillaient à deux, qui se promenaient par paires, comme les pigeons, et se produisaient par couple, comme les alexandrins classiques. — C'étaient Mélesville et Carmouche, Varin et Paul de Kock, Duvert et Lausanne, Gabriel et Dupeuty, Labiche et Lefranc, Masson et Villeneuve, etc.

Nous devons dire (si incroyable que cela paraisse) que le théâtre du Palais-Royal est aujourd'hui un de ceux qui accueillent avec le plus d'empressement les jeunes écrivains. MM. Dormeuil, Plunkett et Choler lisent tous les manuscrits qu'on leur présente. Heureux le dernier des inconnus s'il a présenté un bon ouvrage : il sera reçu immédiatement sans conditions pour être joué à une époque déterminée. M. Abraham Dreyfus pourrait certifier ce que j'avance. M. Plunkett, voulant prouver à ce jeune auteur qu'il n'avait de parti-pris ni contre lui, ni contre sa pièce, la lui fit mettre en répétition pour lui prouver qu'elle était injouable.

M. Abraham Dreyfus, bien et dûment convaincu, reprit son œuvre et en apporta une autre qui fut reçue et répétée d'emblée. Jouée l'été dernier, cette petite pièce s'appelait : *Potage à la Bisque*.

D'ailleurs, jeunes gens qui vous découragez pour un refus, apprenez comment ceux qui sont devenus aujourd'hui vos maîtres se sont produits au théâtre. Il y a longtemps, deux auteurs venaient présenter à M. Dormeuil père une pièce intitulée : *Monsieur de Coylin;* ces collaborateurs, en remettant leur manuscrit, priaient humblement le directeur de leur adjoindre un troisième collaborateur dont l'expérience pût décider de la réception de la pièce. « Pourquoi seriez-vous trois? répondit M. Dormeuil; votre pièce me plaît comme elle est. Je la reçois, et elle fut jouée. » Les deux auteurs qui se présentaient si humblement étaient MM. Labiche et Lefranc.

QUE COUTE LA TROUPE

DU

PALAIS-ROYAL ?

Nous empruntons sous toutes réserves, à la *Liberté*, les chiffres suivants :

MM. Geoffroy gagne... 30,000 fr. par an.
    Brasseur......... 25,000
    Gil-Pérès........ 25,000
    L'Héritier........ 18,000
    Hyacinthe........ 18,000
    René Luguet..... 15,000
    Lassouche........ 15,000
    Pellerin.......... 7,000
    Calvin............ 5,000
    Deschamps....... 5,000
    Numa............. 4,000
    Montbars......... 4,000
    Bucaille.......... 3,600

Dieudonné, retour de Russie, va débuter aux appointements de 18,000 fr.

Soit pour les artistes hommes seulement, sans compter les *feux* que touchent la plupart de ces messieurs, *Cent quatre-vingt-douze mille six cents francs !*

L'élément féminin est moins ruineux. Alphonsine, qui gagnait 20,000 fr., est entrée au Gymnase, et Julia Baron est allée se faire plus de 7,000 fr. en Russie. Mlles Valérie, Bilhaut, Linda, et Miette gagnent chacune 200 fr. par mois. Georgette Olivier et Reynold en gagnent 300 ; Mme Delille et Mlle Alice Regnault sont présentement les plus payées. Enfin, derniers détails qui ont bien leur importance dans cette statistique budgétaire, la plus forte recette faite au Palais-Royal est de 5,000 fr. Ce chiffre a même été dépassé le mois dernier, à la représentation au bénéfice de Lassouche.

QUE COUTE UNE ACTION DU PALAIS-ROYAL ?

Émises, il y a quarante ans, au prix de 1,000 fr. chacune, elles se vendent facilement aujourd'hui de 6 à 7,000 fr.

Heureux théâtre, heureux directeurs, heureux acteurs, heureux auteurs, heureux actionnaires !

HENRY BUGUET.

Mai 1874.

Imp. RICHARD-BERTHIER, 18 & 19, pass. de l'Opéra.

EN VENTE
A LA MÊME LIBRAIRIE

FORMAT IN-18

OPÉRAS COMIQUES ET OPÉRETTES

BAGATELLE, 1 acte	1 fr.	50
LA FILLE DE Mme ANGOT, 3 actes	2	»
LA LIQUEUR D'OR, 3 actes	2	»
LA JOLIE PARFUMEUSE, 3 actes	2	»
LE FLORENTIN, 3 actes	1	»
DON CÉSAR DE BAZAN, 3 actes	1	»
LE PREMIER JOUR DE BONHEUR, 3 actes	1	»
LA FANCHONNETTE, 3 actes	1	»
VERT-VERT, 3 actes	1	»
RÊVE D'AMOUR, 3 actes	1	»
MAZEPPA, 3 actes	2	»
POMME D'API, 1 acte	1	50
LA PERMISSION DE DIX HEURES, 1 acte	1	»
LA LEÇON D'AMOUR, 1 acte	1	»
MAITRE PATHELIN, 1 acte	1	»
LES PAPILLOTES DE M. BENOIST, 1 acte	1	»

LE NOUVEAU SEIGNEUR DE VILLAGE, 1 acte..	1 fr.	»
LA NUIT DES NOCES DE LA FILLE ANGOT, 1 acte.	1	»
LES FOLIES AMOUREUSES, 1 acte..	1	»
LES BAVARDS, 2 actes..	1	»
ÉLISABETH OU LA FILLE DU PROSCRT, 3 actes..	1	»
DON GREGORIO, 3 actes.	1	»
MARIÉE DEPUIS MIDI, 1 acte..	1	50
L'ÉCOSSAIS DE CHATOU, 1 acte..	1	»

OUVRAGES
SUR LA CHASSE

PAR

ELZEAR BLAZE

LE LIVRE DU ROY MODUS ET LA ROYNE RAC — Recueil des anciennes chroniques & chasse. 1 beau vol. gr. in-8°. . . 50 fr.

LE CHASSEUR AUX FILETS OU LA CHASSE DES DAMES. — Contenant les habitudes, les ruses des petits Oiseaux, leurs noms vulgaires et scientifiques, l'Art de les prendre, de les nourrir et de les faire chanter en toute saison, la manière de les engraisser, de les tuer et de les manger. Un vol. in-8°, très-rare (épuisé). . . . . 30 fr.

HISTOIRE DU CHIEN CHEZ TOUS LES PEUPLES DU MONDE, d'après la Bible, les Pères de l'Eglise, le Koran, Homère, Aristote, Xénophon, Hérodote, Plutarque, Pausanias,

Pline, Horace, Virgile, Ovide, Jean Cafus, Paulini, Gessner, etc. Un vol. in-8°, rare. . . . . 15 fr.

LE CHASSEUR AU CHIEN COURANT. — Contenant les habitudes, les ruses des Bêtes, l'Art de les quêter, de les juger et de les détourner, de les attaquer, de les tirer ou de les prendre à force; l'éducation du Limier, des Chiens courants, leurs maladies, etc. 2 vol. in-18. . . . . 7 fr.

LE CHASSEUR AU CHIEN D'ARRÊT. — Contenant les habitudes, les ruses du Gibier, l'Art de le chercher et de le tirer, le choix des Armes, l'Education des Chiens, leurs maladies, etc. Un volume in-18. 3 fr. 50.

LE CHASSEUR CONTEUR. — Recueil des Chroniques de chasse. Un vol. in-18. 3 fr. 50

www.ingramcontent.com/pod-product-compliance
Lightning Source LLC
Chambersburg PA
CBHW070159230526
45471CB00002B/732